Prag

von Stefan Welzel und Franziska Neudert

ADAC Top Tipps

Das müssen Sie gesehen haben! Die zehn Top Tipps bringen Sie zu den absoluten Highlights.

ADAC Empfehlungen

Unterwegs gut beraten: Diese 25 ausgesuchten Empfehlungen machen Ihren Urlaub perfekt.

Preise für ein DZ mit Frühstück:
€ | bis 2050 CZK (80 €)
€€ | bis 4350 CZK (170 €)
€€€ | ab 4350 CZK (170 €)

Preise für ein Hauptgericht:
€ | bis 205 CZK (8 €)
€€ | bis 460 CZK (18 €)
€€€ | ab 460 CZK (18 €)

1 Mit dem Rad nach Karlstein

30 km lang ist eine der schönsten Radstrecken Tschechiens – vom Prager Zentrum zur Burg Karlstein (S. 114), zunächst an der Moldau, später an der Berounka entlang. Noch in Prag können Radfahrer mit einer Fähre ans andere Ufer übersetzen. Nach ein paar Kilometern auf dem Radweg A1 geht es den rot markierten Wegzeichen folgend über Černošice, Dobřichovice und Hlásná Třebaň zur berühmten Burganlage. Im Sommer säumen gemütliche Rastplätze mit Bewirtung im Freien die Route. Von Karlštejn aus fahren regelmäßig Züge zurück nach Prag.

■ Fahrradverleiher: S. 135

2 Rodeln mit Panoramablick

Mit 60 km/h kann man die 800 m lange Sommerrodelbahn im Stadtteil Prosek hinuntersausen. Vor allem Kinder dürften hier ihren Spaß haben. Eine Fahrt kostet umgerechnet etwa 3 Euro. Der Panoramablick auf Prag ist umsonst – ob vom Schlitten oder von der Terrasse des Restaurants aus. Wer nach der kurvenreichen Fahrt nach einem weiteren Adrenalin-Kick sucht, findet ihn vielleicht im benachbarten Hochseilgarten (Lanové centrum PROUD).

- www.bobovadraha.cz
- www.lanovecentrum.cz

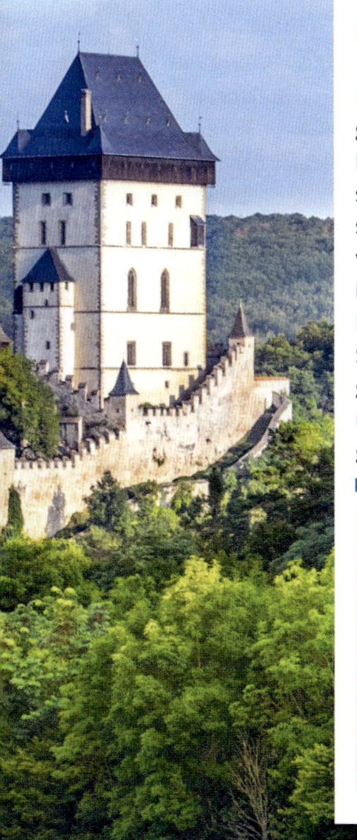

3 Ausflug zum Weißen Berg

Ungefähr 50 000 Soldaten standen sich am 8. November 1620 am Weißen Berg gegenüber. In der ersten großen Schlacht des Dreißigjährigen Krieges waren das Heer des Kaisers und der Katholischen Liga dem der böhmischen Stände deutlich überlegen. Wer sein Schulwissen aufpolieren will, fährt mit der Straßenbahn 22 oder 25 bis zur Endstation Bílá hora. Ein Denkmal und die Wallfahrtskirche Maria vom Siege erinnern an das Ereignis und die über 2000 gefallenen Soldaten. Schlachtfeld, Kirche und das nahe Renaissance-Schloss Stern samt Park (S. 111) gehören zum Nationalen Kulturerbe.

- www.benediktinky.cz

Zu diesen Orten und Sehenswürdigkeiten finden Sie Detailkarten im Innenteil des Reiseführers.

Service

Umschlag:

ADAC Top Tipps: Vordere Umschlagklappe, innen 1

ADAC Empfehlungen: Hintere Umschlagklappe, innen 2

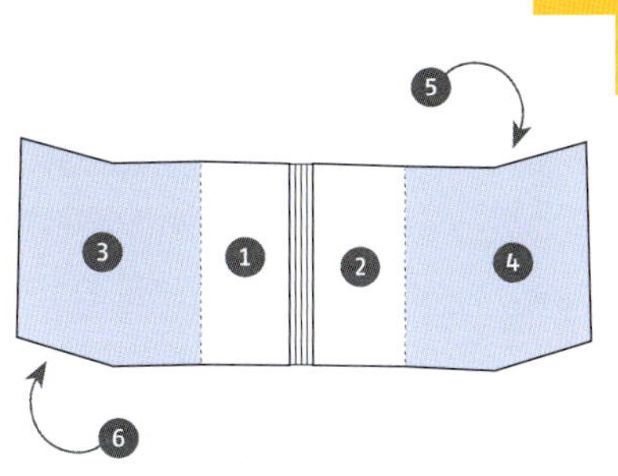

Übersichtskarte Altstadt, Burg, Kleinseite, Neustadt, Letná: Vordere Umschlagklappe, innen 3
Übersichtskarte Stadtgebiet: Hintere Umschlagklappe, innen 4

Verkehrslinienplan: Hintere Umschlagklappe, außen 5
Ein Tag in Prag: Vordere Umschlagklappe, außen 6

Die mystische Schönheit an der Moldau

Romantisch, geschäftig, altertümlich, modern: Prag präsentiert sich vielseitig und spannend

Blick von der Kleinseite auf Moldau, Karlsbrücke und die Prager Altstadt

Prag hat viele Namen: »Goldene Stadt«, »Stadt der hundert Türme«, »Mutter aller Städte«. Ein überragendes architektonisches Erbe in Verbindung mit einer lebendigen Kulturszene macht die tschechische Hauptstadt zu einer der spannendsten Großstädte des Kontinents. Ihrem Charme kann man sich kaum entziehen. Das wusste schon Franz Kafka, der über seine Heimatstadt schrieb: »Prag lässt nicht los. Dieses Mütterchen hat Krallen. Da muss man sich fügen.« Das spüren auch Besucher, wenn sie durch die verwinkelten Gassen spazieren. Bis heute hat sich Prags Ruf als mysteriös-magischer Ort gehalten. Als würde der Golem – das sagenumwobene Geschöpf des Rabbi Löw – tatsächlich noch sein Unwesen treiben.

Karlsbrücke, Altstädter Ring und Prager Burg sind weltbekannt. Doch auch jenseits der Touristenmagnete gibt es vieles zu entdecken. Wie in einem riesigen Freilichtmuseum kann man von Epoche zu Epoche, von Baustil zu Baustil, von Romanik bis zur Postmoderne springen. Mit seiner kubistischen Architektur weist Prag sogar eine Besonderheit auf, die weltweit einzigartig ist. Faszinierende Beispiele sind das prächtige Palais Adria oder das Haus zur Schwarzen Muttergottes.

Stolzes Weltkulturerbe

Prag ist ein einmaliges Denkmalschutzgebiet. Sein historischer Kern mit der Altstadt und dem Jüdischen Viertel, mit Kleinseite, Burg, Neustadt und dem Vyšehrad gehört bereits seit 1992 zum UNESCO-Welterbe. Die Stadt verdankt diesen glücklichen Umstand auch der Tatsache, zwei Weltkriege nahezu unbeschadet überstanden zu haben. Nicht überdauert hat hingegen das multiethnische und multikulturelle Prag, das über Jahrhunderte von Tschechen, Deutschen und Juden gemeinsam geprägt wurde. Von der alten Josefstadt sind nur einzelne Sehenswürdigkeiten erhalten geblieben, die dafür umso mehr beeindrucken.

Eine mehr als 1000 Jahre alte, glorreiche Geschichte, zunächst als Sitz der böhmischen Könige, später der römisch-deutschen Kaiser, hatte bereits im Mittelalter ein »Goldenes Zeitalter« gebracht. Und selbst als seine politi-

Detail der Astronomischen Uhr am Altstädter Rathaus (unten) – Garten vor dem Palais Waldstein (ganz unten)

sche Bedeutung schwand, blieb Prag eine wichtige Kunst-, Kultur-, Wissenschafts- und Handelsmetropole. Davon zeugen nicht nur die zahlreichen Museen, Galerien, Theater und Konzerthäuser, sondern auch eine vielfältige und lebendige Kulturszene.

Nach dem Zweiten Weltkrieg verschwand Prag für 40 Jahre hinter dem Eisernen Vorhang. Nach der Wende wurde die Stadt in kürzester Zeit von Gästen aus dem Ausland überrannt. Manch einem ging das viel zu schnell. Dem etwas grummeligen Gemüt der Böhmen waren die Touristenhorden und Expats nicht ganz geheuer. Und das ist durchaus nachvollziehbar: Die Stadt wurde stellenweise geradezu »verkauft«. Kitsch und Kommerz überdeckten die Geschichte; wo einst Prager einkehrten, torkeln heute betrunkene Touristen durch die Straßen und feiern laut ihren Junggesellenabschied.

Böhmische Gelassenheit

Gerade dem Prager wird nachgesagt, nicht besonders (gast-)freundlich zu sein. Diesen Ruf genießt der »arrogante Hauptstädter« aber auch bei seinen Landsleuten. Das heißt jedoch nicht, dass der mürrische Kellner oder die wortkarge Verkäuferin stellvertretend für den typischen Prager stehen. Hinter der reservierten Fassade verbergen sich nicht selten unterdrückte Neugier und ein belesener Geist. Es erstaunt nicht, dass die Tschechen zu den lesefreudigsten Völkern der Welt zählen. Wer nostalgisch ist, sollte sich einmal in eine Straßenbahn oder Metro setzen und darauf achten, womit sich viele der Fahrgäste beschäftigen. Selbst manch jungen Prager sieht man mit einem vergilbten Buch aus der nahen Bibliothek. Überhaupt erscheinen die Prager herrlich unaufgeregt. Wo es in anderen Großstädten hektisch zugeht, reagiert man hier mit Gelassenheit.

Vom Petřín aus öffnet sich ein herrliches Panorama über Prag und das Moldautal

So auch beim liebsten Zeitvertreib des Pragers: dem Genuss des Feierabendbiers im Stammlokal. Das gilt nicht nur für trinkfeste Arbeiter. Auch nachmittags um drei kann es vorkommen, dass die älteren Damen am Nebentisch eines schicken Cafés lieber ein großes Pilsner bestellen als einen Cappuccino. Ins Gespräch kommt man als Besucher eher selten. Die Verständigung gestaltet sich vor allem mit den älteren Generationen schwierig, da sie oft keine Fremdsprache beherrschen, oder nur das ungeliebte Russisch. Ansonsten geht es mit Englisch, manchmal sogar mit Deutsch deutlich einfacher. Ist das Eis erst einmal gebrochen, kann man seinem Gegenüber so manche Anekdote entlocken.

Perfekte Mischung

Auch an seinen unbekannten Rändern ist Prag einen Besuch wert. Es lohnt sich, das dichte Netz des Nahverkehrs zu nutzen und hinauszufahren in abgelegenere Viertel und Naherholungsgebiete. Mancherorts begegnet man dem mondänen und modernen Prag, dann wieder scheint die Zeit in den 70ern stehen geblieben zu sein. Besonders schön ist es auf den Anhöhen der Stadt, wie auf dem Veitsberg oder der Letná-Ebene, wo es einem beim Blick auf Fluss und Innenstadt fast den Atem verschlägt.

Es ist die nahezu perfekte Mischung aus glanzvoller Architektur, vielfältigem Kulturangebot und wunderschöner Lage, die Prag so einzigartig macht. Wer die Stadt besucht, wird kaum bezweifeln, dass Kafka recht hatte. Und passt man sich der stillen und gemütlichen Art ihrer Bewohner an, so kann man sich sogar im Städteurlaub ein wenig erholen.

Sprache *Tschechisch*

Währung *Tschechische Krone (Kč/CZK)*

Fläche *496 km² (das entspricht gut der Hälfte der Fläche von Berlin)*

Einwohner *1,37 Mio.*

Tourismus *Jedes Jahr besuchen etwa 7 Mio. Touristen die tschechische Metropole. Sie gehört damit zu den beliebtesten Städtereisezielen Europas.*

Religion *Tschechien ist das am stärksten säkularisierte Land Europas. Fast 80 % der Bevölkerung bekennen sich nicht zu einer Religionsgemeinschaft. Nur ca. 10 % sind Katholiken.*

Bierkonsum pro Kopf *136 l/Jahr (Weltranglistenplatz eins)*

Das lieben die Prager *Hunde! In Tschechien soll in 40 % aller Haushalte mindestens einer leben, in Prag über 100 000.*

Berühmte Prager *Karl IV., Bernard Bolzano, Franz Kafka, Rainer Maria Rilke, Egon Erwin Kisch, Jaroslav Seifert, Bertha von Suttner, Václav Havel, Antonín Panenka*

Das will ich erleben

Prags Einzigartigkeit beruht nicht allein auf dem prachtvollen architektonischen Erbe. Die Stadt ist eine lebendige Millionenmetropole mit exzellenten Museen und Galerien, einer reichen Kulturszene, vielen trendigen Bars, Cafés und Clubs sowie tollen Ausflugszielen ins Grüne. Ein tschechisches Sprichwort besagt, die Magie der Stadt sei unergründlich. Doch nimmt man die Mühe auf sich, auch abseits der Touristenpfade nach dem Schönen und Außergewöhnlichen zu suchen, kann man ihn finden: den verführerischen und vielseitigen Charme der Goldenen Stadt.

6

Perlen des Jugendstils

Eine von vielen Prager Blütezeiten in Kunst und Architektur war der Jugendstil. Manch repräsentatives Gebäude entstand in dessen üppig dekorativer Bauart. Und mit Alfons Mucha wirkte einer der einflussreichsten Secessions-Künstler in der Goldenen Stadt.

22

Brennpunkte der Weltgeschichte

Die spezielle Lage mitten in Europa prädestiniert die ehemalige Kaiserstadt geradezu, immer wieder im Zentrum wichtiger historischer Ereignisse zu stehen. In der über tausendjährigen Geschichte Prags fanden wegweisende Schlachten, Attentate und Umstürze statt.

Kultbars und Partymeilen

Prag zieht mit seinen tollen Clubs das internationale Partyvolk an. Daher erstaunt es nicht, dass die Stadt ein äußerst beliebtes Ziel für Abitur-Reisen ist. Doch auch ein eher konservatives Ausgehpublikum kommt hier auf seine Kosten – dank erstklassiger Konzerthäuser und einer vielfältigen Bar-Szene.

Böhmische Kneipenatmosphäre

Tschechiens Küche ist bekannt für herzhafte Gerichte. Meist sind sie fleischlastig, an schweren Soßen angerichtet und werden mit Knödeln serviert – nichts für empfindliche Mägen. Dazu gehört ein Frischgezapftes – mit einem passenden, typischen Bier-Snack als Vorspeise.

Fantastische Aussichten

Die vielen Hügel in und um die Innenstadt sind nicht nur wunderbare Erholungsgebiete, sondern bieten oft beeindruckende Aussichten. Von hier eröffnen sich Panoramen, die den kurzen Aufstieg auf jeden Fall wert sind.

29

Schöne Märkte und charmante Läden

Prag ist zwar keine klassische Shopping-Destination wie Paris oder London. Dennoch bieten sich rund um den Wenzelsplatz viele Einkaufsmöglichkeiten vom internationalen Modelabel-Ableger bis zum lokalen Designerladen. Und auf den zahlreichen Märkten lässt sich wunderbar nach Schnäppchen jagen.

7

Kunst von Weltrang

Die reiche Geschichte der Stadt spiegelt sich in den zahlreichen Galerien und ihren herausragenden Sammlungen wider. Die Palette reicht von bedeutenden Mittelalter-Ikonen über niederländische und italienische Meister der Renaissance bis zu spannender Gegenwartskunst.

35

Die Stadt der hundert Türme

Diesen Beinamen verdankt Prag der wunderbaren Silhouette seiner Altstadt. Doch auch außerhalb des Zentrums hat man hoch gebaut. Mancherorts blickt man bis weit in die mittelböhmische Landschaft hinaus.

Das mystische Prag

Die alte Architektur Prags war schon immer Nährboden für Mythen und geheimnisvolle Geschichten. In zahlreichen Winkeln erfüllt ein sonderbarer Zauber die historische Innenstadt. Lassen Sie sich verführen – die beste Zeit dafür ist der neblige Herbst.

Die grünen Oasen der Metropole

Es braucht keine langen Ausfahrten, um dem Prager Asphaltdschungel zu entkommen. Parks und Erholungsgebiete gibt es zuhauf. Dort verleiht die Stadt dem Besucher der grünen Inseln das erstaunliche Gefühl, weit draußen auf dem Land zu sein.

Live-Musik von Klassik bis Rock

Die Moldaustadt hat zahlreiche große Komponisten zu wundervollen Melodien inspiriert. Heute ist sie Heimat einer vielseitigen Musikszene, und ihre tollen Konzerthäuser ziehen nationale wie internationale Stars aller Stilrichtungen an.

Unterwegs

Wahrzeichen im Abendlicht: Die Kleinseitner Brückentürme markieren den westlichen Zugang zur Karlsbrücke.

Altstadt und Josefov – Das magische Prag

Der ganz besondere Zauber einer über tausendjährigen Geschichte prägt das historische Zentrum

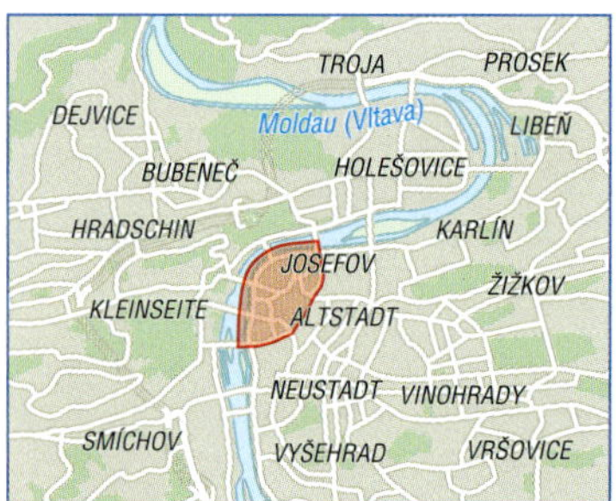

Sobald man die Grenzen zur Altstadt (Staré Město) überschreitet, eröffnet sich dem Besucher ein einzigartiges Panoptikum europäischer Baukunst. Dem besonderen Hauch einer über tausendjährigen Geschichte kann sich kaum jemand entziehen. Viele der Sehenswürdigkeiten reihen sich an dem ehemaligen Krönungsweg der böhmischen Herrscher, der vom spätgotischen Pulverturm aus quer durch die Altstadt bis zur Karlsbrücke und danach auf die Prager Burg führt. Taucht man anschließend ein in das Labyrinth mittelalterlicher Gassen, so begegnen einem auf Schritt und Tritt die pompösen Erzeugnisse fürstlicher, geistlicher und bürgerlicher Architektur. Tagsüber gehört die Altstadt überwiegend den Touristen. Erst abends legt sich der Rummel ein wenig. In diesen Stunden bietet sich die Möglichkeit, im schummrigen Licht der Straßenbeleuchtung das legendäre »Magische Prag« zu erkunden.

In diesem Kapitel:

ADAC Top Tipps:

1 **Altstädter Ring**
| Platz |
Das pittoreske Herz der Altstadt und für viele einer der prächtigsten Plätze Europas. Hier entfaltet sich der historische Reichtum der Stadt am eindrucksvollsten. 18

2 **Alter Jüdischer Friedhof**
| Begräbnisstätte |
In der Begräbnisstätte des alten jüdischen Viertels türmen sich 12 000 Grabstelen auf engstem Raum. Ein mystischer Ort der Stille und Andacht. 34

Karlsbrücke
| Brücke |

Das bekannteste Prager Wahrzeichen verbindet seit über 600 Jahren die Flussufer. Eine der ältesten und schönsten Steinbrücken Europas ist touristischer Anziehungspunkt. 39

ADAC Empfehlungen:

Altstädter Rathaus
| Architektur |

Der rund 40 m hohe Turm bietet einen spektakulären Blick über die Dächer der Altstadt. 19

Lehká hlava
| Restaurant |

Eines der besten Restaurants am Platz. Rein vegetarische Küche und romantische Einrichtung. 26

Haus zur Schwarzen Muttergottes
| Architektur |

Ein Meisterwerk kubistischer Architektur mit Ausstellung und Café, in dem sogar die Kuchenstücke kubistisch geschnitten sind. 28

Altneu-Synagoge
| Gotteshaus |

Das frühgotische Bethaus zählt zu den ältesten seiner Art in Europa. 34

Altstädter Ring (Staroměstské náměstí)

Wo das wahre Herz der Stadt schlägt

Die gotische Teynkirche gegenüber dem Rathaus dominiert den Altstädter Ring

Information

- Metro A (Staroměstská); Metro A/B (Můstek)
- Prague City Tourism, Staroměstské náměstí 1, Tel. 221 714 714, Mo 11–19, Di–So 9–19, Jan.–März Di–So ab 10 Uhr, www.praguecitytourism.cz
- Parken: siehe S. 23, 31, 37

Einer der schönsten Plätze in ganz Europa

Auf dem rund 9000 m² großen Altstädter Ring kristallisieren sich Geschichte, Reichtum und architektonische Vielfalt Prags. Das einzigartige Ensemble aus gotischem Rathaus, barocken Palästen, prachtvollen Kirchen und symbolträchtigen Denkmälern war jahrhundertelang Marktplatz und gesellschaftliches Zentrum. In den ruhigeren Abend- und Nachtstunden entfaltet es einen märchenhaften Zauber. Tagsüber schieben sich Touristen entlang und werden von Imbissbuden, Straßenmusikern und Touristenführern umworben. Dennoch: Der imposante und wunderschöne Platz ist ein Muss für jeden Prag-Besucher. Die Gassen und mittelalterlichen Arkaden rundherum bergen weitere Attraktionen, die vor allem historisch Interessierte auf keinen Fall verpassen sollten.

Plan S. 20 

 **Sehenswert**

Altstädter Rathaus

| Architektur |

Mit Astronomischer Uhr und herrlicher Aussicht vom Turm

Der erste Sitz einer Prager Stadtregierung wurde im frühgotischen Stil errichtet. 1338 bezogen die Abgeordneten aus den Patrizierfamilien das Altstädter Rathaus (Staroměstská radnice), das über die Jahrhunderte mehrere Veränderungen erfuhr. Ein neogotischer Rathaussaal wurde 1945 größtenteils zerstört und nicht wiederaufgebaut. Der Rathausturm bietet dank seiner Galerie eine spektakuläre Aussicht. Bekannt ist das Rathaus für seine Astronomische Uhr, den Orloj. Seine ältesten Teile, Uhrwerk und astronomisches Zifferblatt, wurden 1410 gefertigt. Die Scheibe zeigt die böhmische Zeit von einem Sonnenuntergang zum nächsten an, der kleinere Ring Monat, Mond- und Planetenstand. Besonderes Spektakel bietet das stündliche Glockenspiel (9–21 Uhr), begleitet vom »Männleinlaufen«. Zum Rathausensemble gehört auch das Eckhaus U minuty, dessen Renaissance-Fassade Sgraffiti mit antiken und biblischen Allegorien zieren.

■ Staroměstské náměstí 1/3, www.staromestskaradnicepraha.cz, historische Räume Mo 11–19, Di–So 9–19, Jan.–März Di–So ab 10 Uhr, Turm Mo 11–21, Di–So 9–21, Jan.–März bis 20 Uhr, 300 CZK, erm. 200 CZK

ADAC Mobil

In Prag empfehlen sich **öffentliche Verkehrsmittel** (Automaten in Metro-Stationen und für Kartenzahlung in Trams und Bussen). Die Taktdichte ist vorbildlich, Nacht-Tramlinien verkehren die ganze Woche (alle 30 Min.). Fahrschein: 30 CZK (30 Min.) und 40 CZK (90 Min.), auch Tages- und 3-Tage-Pässe.
Mit dem **Prague Visitor Pass** oder dem digitalen **Prague CoolPass** (2–5 Tage, S. 124) kann man viele Sehenswürdigkeiten besuchen und umsonst Metro, Tram und Bus fahren. Verkaufsstellen: u. a. Touristen-Informationen, Metro-Stationen Můstek und Anděl. *www.dpp.cz/de, www.praguevisitorpass.eu*

b St. Nikolaus

| Kirche |

Im Nordwesten schließt St. Nikolaus (Kostel sv. Mikuláše) den Altstädter Ring ab. Der Barockbau wurde zwischen 1732 und 1735 nach den Plänen des böhmischen Baumeisters Kilian Ignaz Dientzenhofer errichtet. Die Stauen der Bischofs- und Landesheiligen, die die Fassaden und Türme zieren, wurden entgegen dem barocken Zeitgeist nüchtern und sachlich gestaltet. Seine eindrucksvolle Wirkung als architektonischer Kontrast zur Teynkirche quer gegenüber verdankt der Sakralbau der Tatsache, dass er seit dem Abriss der Klostergebäude Anfang des 20. Jh. gegen den Platz hin frei steht. Heute finden hier fast jeden Tag klassische Konzerte statt.

■ Staroměstské náměstí 1101, www.svmikulas.cz, tgl. 10–17 Uhr

c Jan-Hus-Denkmal

| Monument |

Die monumentale Plastik (Pomník Mistra Jana Husa) dominiert den Altstädter Ring, sofern Marktbuden den Blick nicht verstellen. Als Vertreter des Symbolismus war es dem Künstler Ladislav Šaloun ein Anliegen, seinem Werk Tiefe und schlichte Eindringlichkeit zu verleihen. Es wurde 1915 zum 500. Todestag des böhmischen Reformators Jan Hus eingeweiht. Dem Denkmal gegenüber steht eine 2020 aufgestellte Replik der ersten Barockstatue in Böhmen: Die Mariensäule, erschaffen um 1650 von Johann Gregor Bendl, galt vielen Tschechen Ende 1918 als Symbol der Rekatholisierung und Unterdrückung durch die Habsburger, ein aufgebrachter Mob holte die Säule vom Sockel. 100 Jahre später sprach sich der Stadtrat für die Wiederrichtung aus.

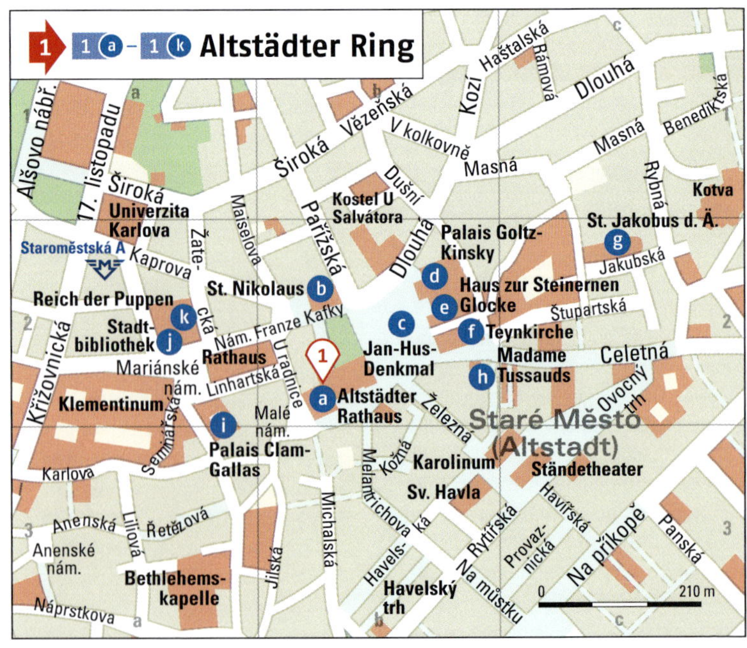

Jan-Hus-Denkmal vor dem Palais Goltz-Kinsky

d Palais Goltz-Kinsky

| Prachtbau |

Ein weiterer für seine Stilepoche herausragender Bau ist das Palais Goltz-Kinsky (Palác Goltz-Kinských). Zwischen 1755 und 1765 erbaut, kombiniert es verspielten Rokoko (man beachte den Stuck) mit Elementen des Klassizismus (prägnante, strenge Linienführung). Friedensnobelpreisträgerin Bertha von Suttner, eine geborene Kinsky, verbrachte hier ihre Kindheit. Ende des 19. Jh. diente ein Teil des Gebäudes als Gymnasium, wo u. a. Franz Kafka, Franz Werfel und Max Brod die Schulbank drückten. 1948 erklärte Klement Gottwald vom Balkon aus die Machtübernahme der Kommunistischen Partei. Heute beherbergt das Palais einen Ableger der Nationalgalerie.

■ Staroměstské náměstí 12, Tel. 224 301 122, www.ngprague.cz

Gefällt Ihnen das?

Franz Kafka ging im Palais Goltz-Kinsky zur Schule. Möchten Sie weiter den Prager Spuren des Literaten folgen? Dann lesen Sie mehr zum **Prager Kreis** (siehe »Im Blickpunkt«, S. 58) und besuchen Sie das **Franz Kafka Museum** (S. 57) sowie sein Grab auf dem **Neuen Jüdischen Friedhof** (S. 91).

e Haus zur Steinernen Glocke

| Prachtbau |

Der gotische Bau gehört zu den historisch bedeutendsten Orten der Stadt. Erstmals erwähnt wurde er 1332. Doch man nimmt an, dass das Haus zur Steinernen Glocke (Dům U Kamenného zvonu) bereits rund 30 Jahre früher als Stadtpalast für den hohen Adel errichtet wurde. Seine prachtvolle Dekora-

Die Teynkirche – gotische Hülle mit barocker Ausstattung

tion lässt vermuten, dass es ab 1310 als Wohnstätte für den jungen Herrscher Johann von Luxemburg und dessen böhmische Braut Elisabeth diente. Möglich, dass deren Sprössling, der spätere Kaiser Karl IV. (S. 114), hier seine ersten Gehversuche machte. Im 17. Jh. wurde das Haus barockisiert, erst in den 1960ern die alte Fassade saniert. Seit den 80er-Jahren dient es als Galerie mit wechselnden Ausstellungen.

■ Staroměstské náměstí 13, www.ghmp.cz/dum-u-kamenneho-zvonu, Di–So 10–20 Uhr, 150 CZK, erm. 60 CZK

f Teynkirche

| Kirche |

Neben dem Alten Rathaus setzt die Kirche der Jungfrau Maria vor dem Teyn (Chrám Matky Boží před Týnem) einen markanten architektonischen Akzent. Im 14. Jh. ließ Karl IV. den Grundstein für einen Bau legen, der alle anderen Gebäude der Umgebung überstrahlen sollte. Die typisch gotische Kirche erhielt im 15. und 16. Jh. ihre endgültige Gestalt – die beiden Türme wurden später aufgesetzt. Im Gotteshaus liegt der berühmte Astronom Tycho Brahe begraben. Zugang findet man durch einen Arkadenbogen im vorgelagerten Haus. Im Teynhof hinter der Kirche mussten Kaufleute Zollgebühr (»Ungelt«) entrichten. Auffälligstes Gebäude ist der Renaissance-Palast neben dem westlichen Hoftor, das Ungelt-Haus.

■ www.tyn.cz, März–Dez. Di–Sa 10–13, 15–17, So 10.30–12 Uhr, 40 CZK (freiwillige Spende)

g St. Jakobus d. Ä.

| Kirche |

100 m hinter der Teynkirche liegt die Bazilika sv. Jakuba. Ursprünglich stand hier ein gotisches Gotteshaus, das Mitte des 14. Jh. von Johann von Luxemburg, dem Vater Karls IV., in Auftrag gegeben wurde. Zwischen 1690 und 1702 wurde ihr ein barockes Erscheinungsbild verliehen. Eine Sakristei mit gotischem Kreuzgewölbe an der Nordseite zeugt von der ehemaligen Architektur. Musikalisches Herz ist die mit 8277 Pfeifen ausgestattete Orgel von 1705. In der Basilika finden regelmäßig Orgelkonzerte statt.

■ Malá Štupartská 6, www.praha.minorite.cz, Di–Sa 10–11.30, 14–16, So 14–16 Uhr

h Madame Tussauds Prague

| Wachsfigurenkabinett |

Die Zeltnergasse (Celetná) verbindet das westliche Ende der Altstadt und den Platz der Republik mit dem Altstädter Ring. Entsprechend attraktiv ist die stark frequentierte Flaniermeile für

Souvenir- und Ramschläden aller Art. Hinter einer der schönen barocken Häuserfronten, die auch diese Gasse säumen, ist der tschechische Ableger des berühmtesten Wachsmuseums der Welt zu Hause. Hier finden sich lebensgroße Wachsrepliken nationaler und internationaler Stars sowie historischer Persönlichkeiten wie Staatsgründer Tomáš G. Masaryk und Kaiser Karl IV. mit seinen vier Ehefrauen.

■ Celetná 6, Tel. 602 931 951, www.madametussaudsprague.cz, tgl. 10–21 Uhr, 290 CZK, erm. 200 CZK

Palais Clam-Gallas

| Prachtbau |

Einen Hauch Italien versprüht dieser Adelspalast (Clam-Gallasův palác) aus dem frühen 18. Jh., errichtet von Jan Václav Gallas, Vizekönig von Neapel. Für das Palais beauftragte er die Italiener Giovanni Domenico Canevalle (Architekt) und Giovanni Pietro della Torre (führender Steinmetz). Die imposanten, Säulen tragenden Atlantenpaare am Eingangsportal sind Meisterwerke barocker Plastik. Das Stadtmuseum bietet regelmäßig Führungen auf Englisch und Tschechisch an. In den Repräsentationssälen finden Ausstellungen, Konzerte und Konferenzen statt.

■ Husova 20, www.clam-gallas.cz, Do–So 10–18 Uhr, Führungen: 250 CZK, erm. 130 CZK

Stadtbibliothek

| Architektur |

Das Hauptgebäude der Stadtbibliothek (Městská knihovna) wurde Ende der 1920er-Jahre erbaut. Verantwortlich war František Roith, ein Schüler des Wiener Architekten Otto Wagner. Roith erstellte ein schlichtes, auf vielseitige Nutzung ausgerichtetes Kulturhaus im Stil der Moderne. Das Gebäude war nicht nur als Hauptsitz der Stadtbibliothek geplant, sondern sollte mit Konzert- und Ausstellungsräumen ein Zentrum geistigen Lebens in der neuen Tschechoslowakischen Republik werden. Im Ostflügel befindet sich die Residenz des Prager Oberbürgermeisters im Art-déco-Stil. Seit 1992 ist im zweiten Stock ein Ableger der Hauptstadtgalerie (Galerie hlavního města Prahy) untergebracht. Zu sehen sind wechselnde Ausstellungen zeitgenössischer Kunst.

■ Mariánské náměstí 1, Tel. 222 113 555, www.mlp.cz, Mo 13–20, Di–Fr 9–20, Sa 13–18 Uhr

■ Galerie-Eingang Valentinská, Tel. 222 310 489, www.ghmp.cz, Di–So 10–18, Do 10–20 Uhr, 150 CZK, erm. 60 CZK

Das Reich der Puppen

| Marionettentheater |

In einem Seitentrakt der Stadtbibliothek findet sich ein besonderes kulturelles Kleinod. Im Marionettentheater Říše loutek (Reich der Puppen) inszenieren seit 1920 Puppenspieler vor allem Stücke für Kinder, etwa tschechische Märchen oder den »Zauberer von Oz«. Die Wurzeln des tschechischen Puppenspiels reichen bis ins Mittelalter, Bedeutung erlangte es zur Zeit der »Nationalen Wiedergeburt« im 19. Jh. Seit 2016 zählt es zum immateriellen Kulturerbe der UNESCO.

■ Žatecká 1, Tel. 222 324 565, www.riseloutek.cz, Aufführungen meist Sa, So, 100 CZK

Parken

Parking Kotva Direkt unter dem Kaufhaus Kotva befindet sich ein Nonstop-Parkhaus mit 350 Plätzen. ■ Náměstí Republiky 8, Tel. 723 575 240, 60 CZK/Std. (in der Nacht 30 CZK/Std.), Plan S. 20 c1

Restaurants

€ | Country Life Vegetarisches Selbstbedienungsrestaurant. Beliebt bei Einheimischen für einen günstigen Imbiss. ■ Melantrichova 15, Tel. 224 213 366, www.countrylife.cz, Mo–Do 10.30–18, Fr 10.30–15.30 Uhr, Plan S. 20 b3

€€ | Mincovna Klassische böhmische Gerichte in modernem Ambiente zu vernünftigen Preisen. ■ Staroměstské náměstí 7, Tel. 727 955 669, www.restauracemincovna.cz, Mo–Fr 11.30–23, Sa, So 12–23 Uhr, Plan S. 20 b2

Cafés

Týnská literární kavárna Gemütliches Literaturcafé in der Nähe der Teynkirche. ■ Týnská 6, Tel. 224 827 807, Mo–Fr 13–23 Uhr, Plan S. 20 b2

Einkaufen

Bric à Brac Sympathisches Antiquariat mit Flohmarkt-Charme. ■ Týnska 7, Tel. 222 326 484, www.prague-antique-shop.com, Plan S. 20 b2

Erpet Fachgeschäft für böhmisches Kristallglas am Altstädter Ring. ■ Staroměstské náměstí 27, Tel. 224 229 755, www.erpetcrystal.cz, Plan S. 20 b2/3

Events

Lichtfest Auf dem Altstädter Ring finden Ostern- und Weihnachtsmärkte statt. Stehen wichtige Fußball- oder Eishockeyturniere an, ist er oft Ort für Public Viewing. Am schönsten aber ist das Lichtfest »Signal« Mitte Oktober. Installationen auf den Fassaden lassen den Altstädter Ring und andere Plätze der Stadt in »anderem Licht« erstrahlen. ■ www.signalfestival.com

2 Südliche Altstadt

Durch verwinkelte Gassen zur herrlichen Aussicht am Smetana-Kai

■ Metro A (Staroměstská); Metro B, Tram 9, 18, 22, 93, 97 (Národní třída)

Die südliche Altstadt rund um deren Kern, den Bethlehemsplatz (Betlémské náměstí), bietet dem Besucher das typische historische Altstadt-Flair, für das Prag so bekannt ist. Die engen Gassen laden geradezu zum Flanieren ein. Kennt man sich nicht aus und ist ohne Stadtplan oder Smartphone-Navigation unterwegs, verirrt man sich schnell. Auch hier sind zwar stets viele Touristen unterwegs, doch herrscht deutlich weniger Betrieb als rund um den Altstädter Ring. Und nimmt man sich etwas Zeit, kann man das eine oder andere kulturelle und gastronomische Highlight entdecken, das seinen ganz eigenen, authentischen Charme versprüht.

Sehenswert

St. Ägidius

| Kirche |

Auffällig an dem von außen wuchtig wirkenden gotischen Bau sind die drei gleich hohen Kirchenschiffe sowie der Umstand, dass St. Ägidius (Kostel sv. Jiljí) über keinen Chorabschnitt verfügt. Erbaut Mitte des 14. Jh., wurde die Kirche ab 1432 nach einem Feuer restauriert. Nach 1732 nahm der Dominikanerorden als neuer Besitzer eine umfassende Neugestaltung des Innenraums im barocken Stil vor. Herausragend sind die Gewölbefresken des böhmischen Malers Wenzel Lorenz Reiner, die Szenen aus dem Leben der

Smetana-Kai: Uferpromenade mit Blick auf Karlsbrücke, Hradschin und Veitsdom

Ordensheiligen Dominik und Thomas von Aquin darstellen.

■ Husova 8, Tel. 607 855 215, April–Okt. tgl. 8–18.30, Nov.–März tgl. 10–16 Uhr

Bethlehemsplatz

| Platz |

Die Hus-Gasse, zentrale Achse durch die südliche Altstadt, mündet in den Bethlehemsplatz (Betlémské náměstí). Hier bilden architektonische Vertreter fast jeder Epoche seit dem Mittelalter ein heterogenes Gefüge. Von historischer Bedeutung ist die Bethlehemskapelle (Betlémská kaple) an der nordöstlichen Ecke. Der gotische Bau, zu Beginn des 15. Jh. Wirkungsstätte des Reformators Jan Hus, wurde im 18. Jh. abgerissen. Nach Überresten der Umfassungsmauern konnte das Gebäude Mitte des 20. Jh. in seinem spätmittelalterlichen Erscheinungsbild rekonstruiert werden. Am westlichen Platzende liegt das Völkerkundemuseum (Náprstkovo muzeum, www.nm.cz).

St. Martin in der Mauer

| Kirche |

An der Grenze zwischen Altstadt und Národní třída steht die etwas gedrungene gotische Kirche St. Martin in der Mauer (Kostel sv. Martina ve zdi). Auch dieses Gotteshaus weist wie viele andere in Prag Stilemente mehrerer Epochen auf. So ist das romanische Hauptschiff vom Ende des 12. Jh. erhalten geblieben. Der rechteckige Chor mit frühgotischem Netzrippengewölbe wurde zwischen 1360 und 1370 erbaut. Das Barockportal stammt von 1779. Den Namen hat die Kirche aufgrund ihrer ehemaligen Grenzlage: Ihre Südwand wurde im 14. Jh. in die Stadtbewehrung einbezogen. Die Kirche ist Sitz der deutschsprachigen Evangelischen Gemeinde Prags. Ihre Gottesdienste finden sonntags um 10.30 Uhr statt.

■ Martinská 8, www.martinvezdi.eu, www.prag-evangelisch.de, nur bei Gottesdiensten und Sonderkonzerten geöffnet

Rotunde des hl. Kreuzes

| Kirche |

Zwischen Bethlehemsplatz und Moldau liegt Ecke Konviktská und Karoliny Světlé einer der ältesten Sakralbauten der Stadt, die kleine romanische Rotunda Nalezení sv. Kříže (12. Jh.). Reste gotischer Fresken wurden im 19. Jh. restauriert, nachdem sich der Künstlerverein der Stadt erfolgreich gegen den Abriss gewehrt hatte. Heute ist sie im Besitz der Altkatholischen Gemeinde. ■ Karoliny Světlé, Tel. 222 221 676, www.starokatolici.cz, So 17–18 Uhr oder nach Vereinbarung

Smetana-Kai

| Uferpromenade |

Eine atemberaubende Aussicht bietet der Smetana nábřeží, mit dem die Altstadt zur Moldau hin endet. Der Blick auf Karlsbrücke und Burg ist klassisches Postkarten- und Fotomotiv. Das südliche Ende markiert die Grenze zur Neustadt mit dem Nationaltheater. Am nördlichen Gegenpol nahe der Karlsbrücke liegt auf einer kleinen Landzunge das Muzeum Bedřicha Smetany, erbaut in den 1880ern im Neorenaissance-Stil. Seit 1936 beherbergt es eine Ausstellung über den Komponisten Bedřich Smetana (www.nm.cz).

Restaurants

€ | U Zlatého tygra »Zum Goldenen Tiger« ist mehr Bierstube als Restaurant – authentische böhmische Kneipenatmosphäre mit frisch gezapftem Pilsner und herzhafter Küche. ■ Husova 17, Tel. 222 221 111, www.uzlatehotygra.cz

2 **€€ | Lehká hlava** In dem kleinen Restaurant erwartet den Besucher ein kreatives Einrichtungskonzept zum Wohlfühlen. Auch Fleischesser gehen zur Abwechslung gern in das wohl beste vegetarische Lokal der Stadt. ■ Boršov 2, Tel. 222 220 665, www.lehkahlava.cz, tgl. bis 23 Uhr

ADAC Mittendrin

Wer ortstypisch essen will, dem sei der Besuch einer **Jídelna** ans Herz gelegt – ein Selbstbedienungsrestaurant mit großen Portionen zu kleinen Preisen. Hier kommt man schnell und unkompliziert an böhmische Hausmannskost. Auf dem Menü dominieren Gulasch, Knödel und Schweinebraten. In den Restaurants verkehrt vor allem zu Mittag ein Querschnitt der tschechischen Bevölkerung. Auch in der Altstadt findet sich mit der Jídelna Havelská Koruna ein solches Lokal. *Havelská 21/23, www.havelska-koruna.cz*

Cafés

Café Montmartre Legendäres Literaten-Café, in dem E. E. Kisch, Kafka und Dichter-Präsident Václav Havel verkehrten. Zum Bier empfiehlt sich eingelegte Brühwurst (utopenec), zum Kaffee der hausgemachte Strudel. ■ Řetězová 7, Tel. 222 221 244, Mo–Fr 14–22, Sa, So 16–22 Uhr

Einkaufen

Havelské tržiště Der einzig erhaltene Marktplatz der Altstadt bietet vor allem Obst und Gemüse aus der Region. Am Wochenende richtet sich der Gallus-Markt eher an Touristen, mit Souvenirs, Holzspielzeug und Imbissbuden. ■ Havelská, Mo–Sa 7–19, So 8–18.30 Uhr

3 Ständetheater
Stavovské divadlo

Hier feierte im Oktober 1787 Mozarts Oper »Don Giovanni« Weltpremiere

■ Metro A/B (Můstek); Metro B, Tram 6, 8, 15, 26, 91, 94, 96 (Náměstí Republiky)
■ Železná, Tel. 224 901 448, www.narodni-divadlo.cz

Der klassizistische Bau am Ende des Obstmarktes (Ovocný trh) wurde 1783 mit Gotthold Ephraim Lessings »Emilia Galotti« eingeweiht. Das repräsentative Gebäude ist damit das älteste der drei großen Opernhäuser. Am 29. Oktober 1787 folgte die Uraufführung von Wolfgang Amadeus Mozarts »Don Giovanni«. Mozart selbst war damals in Prag zu Gast und dirigierte das Orchester. 1791 kam er erneut ins damalige Gräflich Nostitzsche Nationaltheater und stellte der Welt seine weniger bekannte Oper »La clemenza di Tito« vor. 1798 wurde das Theaterhaus an die böhmischen Stände verkauft, daher sein Name. Heute ist es Spielstätte des Nationaltheaters mit Schauspiel-, Ballett- und Opernaufführungen – natürlich gehört auch »Don Giovanni« zum festen Repertoire.

Sehenswert

Karolinum
| Universität |
In unmittelbarer Nachbarschaft des Ständetheaters befindet sich das Karolinum. Hier wurde 1348 der Grundstein für die Karls-Universität gelegt. König Wenzel IV. integrierte 1383 das gotische Palais zunächst als Studentenwohnheim in die Lehranstalt. Das Erscheinungsbild des Komplexes veränderte sich durch die Jahrhunderte mehrmals. Heute empfängt u. a. eine moderne Backsteinfassade den Besucher. Von dem ursprünglichen gotischen Gebäude ist nur noch ein Erker zu sehen.
■ Ovocný trh 5

Karolinum – Keimzelle der Prager Universität, links das Ständetheater

Im Blickpunkt

Kubismus

Sie wirken ein wenig windschief, im Vergleich zu ihren Nachbarbauten oft ein bisschen außerirdisch. Die kubistischen Häuser in Prag sind weltweit einzigartig. Mit Ausnahme von Jičín (Janák-Villa) soll es keine andere Stadt geben, in der man kubistische Architektur findet. Inspiriert von den Pariser Kubisten, versuchten die Architekten Pavel Janák, Josef Gočár, Josef Chochol oder auch Vlastislav Hofman, die verwinkelten Raumkompositionen von der Leinwand auf die Baukunst zu übertragen. Weiteres prominentes Beispiel neben dem Haus zur Schwarzen Muttergottes (siehe rechts) ist das Palais Adria (S. 75) von Josef Zasche und Pavel Janák am Jungmann-Platz. Der Kubismus in der Architektur umfasste eine kurze Zeitspanne: Nur 1911–1915 entstanden kubistische Gebäude in Prag. Nach dem Ersten Weltkrieg entwickelte der Rondokubismus die Formelemente weiter, kombinierte sie mit Ornamenten der tschechischen Volkskunst.

Einkaufen

Nákupní galerie Myslbek Moderne, übersichtliche Passage mit kleinen exklusiven Läden gehobener Kleider- und Schuhhersteller. ■ Ovocný trh 8, www.myslbek.com

Sport

Eislaufen Im Winter kann man auf dem Obstmarkt Schlittschuh laufen (tgl. 10–22 Uhr). Das Feld ist zwar klein, dafür vor allem abends die Atmosphäre inmitten historischer Gebäude einzigartig. Schlittschuhverleih vor Ort.

4 Haus zur Schwarzen Muttergottes

Dům U Černé Matky Boží

Ein herausragendes kubistisches Gesamtkunstwerk

■ Metro B, Tram 6, 8, 15, 26, 91, 94, 96 (Náměstí Republiky)
■ Ovocný trh 19, Kubismus-Museum: Tel. 725 038 628, Di 10–20, Mi–So 10–18 Uhr, www.czkubismus.cz, 150 CZK, erm. 80 CZK

Seinen Namen erhielt das 1912 von Josef Gočár fertiggestellte Haus zur Schwarzen Muttergottes von der Madonnen-Skulptur, die den barocken Vorgängerbau im 17. Jh. zierte und in die Fassade eingelassen wurde. Ansonsten steht das Gebäude ganz im Zeichen des Kubismus (siehe »Im Blickpunkt«, links). Mit facettenartig gebrochenen Fenstern, abgestuftem Mansarddach und ausgeprägten Simsen fällt es neben den barocken und klassizistischen Bürgerhäusern aus der Reihe. Es beherbergt eine Dauerausstellung, die sich auf zwei Etagen dem Kubismus als Kunstphänomen widmet. Zu sehen sind kubistische Möbel, Tapeten, Geschirr, Grafiken, Malereien, Skulpturen und Spielzeug.

Cafés

Grand Café Orient Ins Haus zur Schwarzen Muttergottes integriertes Kubismus-Kaffeehaus. Sogar die Kuchenstücke sind stilecht quadratisch geschnitten. ■ Tel. 224 224 240, www.grandcafeorient.cz, Mo–Fr 9–22, Sa, So 10–22 Uhr

5 Pulverturm
Prašná brána

Kunstvoll verzierter Turm als repräsentatives Zugangstor zur Altstadt

■ Metro B, Tram 6, 8, 15, 26, 91, 94, 96 (Náměstí Republiky)
■ Náměstí Republiky 5, tgl. Jan.–März, Okt., Nov. 10–18, April, Mai, Sept. 10–19, Juni–Aug. 9–21, Dez. 10–20 Uhr, 190 CZK, erm. 130 CZK, in der 1. Stunde halber Preis

Der imposante spätgotische Pulverturm markiert seit Ende des 15. Jh. den Beginn des Krönungswegs, den die Landesherrscher in einer Prozession hinauf auf die Prager Burg zurücklegten. Der »Neue Turm« diente zunächst als repräsentativer Bau, der gleich neben dem damaligen Königshof errichtet wurde. Nach seinem Umzug auf die besser befestigte Burg ließ Jagiellonen-König Vladislav II. die Arbeiten am Turm einstellen. Dieser erhielt ein provisorisches, schlichtes Dach und wurde ab dem 17. Jh. als Pulverlager genutzt. Seine heutige Form mit Walmdach, Umgang, Verzierungen und Statuen

Der spätgotische Pulverturm, einer von 13 Befestigungstürmen

böhmischer Könige stammt aus dem späten 19. Jh. Der Turm ist begehbar und ganzjährig geöffnet.

6 Gemeindehaus
Obecní dům

Verspielter Jugendstil und Ausdruck tschechischen Nationalstolzes

■ Metro B, Tram 6, 8, 15, 26, 91, 94, 96 (Náměstí Republiky)
■ Náměstí Republiky 5, www.obecnidum.cz

Das Gemeindehaus markiert die Schnittstelle von Alt- und Neustadt am Westende des Platzes der Republik. Es ersetzte den 1904 abgerissenen alten

Königshof. Ausschließlich tschechische Architekten und Künstler von Rang arbeiteten 1906–1912 an der Errichtung des Jugendstil-Gebäudes mit. Viele Plastiken am und im Gebäude stammen von Ladislav Šaloun, der später auch das Jan-Hus-Denkmal auf dem Altstädter Ring (S. 20) modellierte. Daneben wirkten berühmte Maler und Bildhauer wie Alfons Mucha und Josef Václav Myslbek an der Gestaltung der Innenräume mit. Als Repräsentationsbau der slawischen Bevölkerungsmehrheit war das Gemeindehaus, heute Galerie und Konzertsaal (siehe rechts), am 28. Oktober 1918 Schauplatz der Ausrufung der Ersten Tschechoslowakischen Republik.

Restaurants

€€€ | **Restaurace Obecní dům** Das französische Restaurant im Gemeindehaus bietet exquisite Küche in authentischem Jugendstil-Ambiente. ■ Tel. 222 002 770, www.restauraceod.cz, tgl. 11.30–15, 17.30–23 Uhr

Cafés

Kavárna Obecní dům Im Erdgeschoss des Gemeindehauses befindet sich ein Jugendstil-Café. Für Liebhaber gehobener Kaffeehaus-Kultur ein Muss. ■ Tel. 222 002 763, www.kavarnaod.cz, tgl. 8–22 Uhr

Einkaufen

Kaufhaus Kotva und **Shoppingmall Palladium** In Nachbarschaft des Gemeindehauses liegen zwei der größten und beliebtesten Einkaufszentren der Innenstadt. ■ www.od-kotva.cz, www.palladiumpraha.cz

ADAC Mittendrin

Rund 150 m von Gemeindehaus und Platz der Republik entfernt befindet sich die **Fleischerei Naše maso**. Hier kaufen viele Bewohner aus der Umgebung ihr Qualitätsfleisch. Das Besondere an dem Laden: Man kann sich auch vor Ort verköstigen, denn die Fleischerei ist gleichzeitig ein kleines Bistro. Von Burger über Hotdogs bis zum Entrecôte gibt es Herzhaftes für zwischendurch.
Dlouhá 39, Tel. 604 237 533, www.nasemaso.cz

Erlebnisse

Konzerte im Gemeindehaus Im Smetana-Saal des Gemeindehauses finden täglich Klassikkonzerte statt. Hier sind u. a. die Prager Symphoniker, eines der führenden Ensembles des Landes, zu Hause. ■ Tel. 222 002 101, www.obecnidum.cz, Ticket-Schalter tgl. 10–19 Uhr, Prager Symphoniker: www.fok.cz

7 Agneskloster
Anežský klášter

Klosterkomplex mit herausragender Ausstellung mittelalterlicher Kunst

■ Tram 6, 8, 15, 26, 91, 94, 96, Bus 207 (Dlouhá třída); Bus 207, Tram 17, 27 (Právnická fakulta)
■ U Milosrdných 17

1231 gründete Prinzessin Agnes von Böhmen mit Unterstützung ihres Bruders Wenzel I. das Franziskanerkloster. Die jüngste Tochter des Přemysliden-Königs Ottokar I. stand dem Konvent auch als erste Äbtissin vor. Ein Kloster für Glaubensbrüder war ebenso Teil der Ordensgemeinschaft. Der Gebäudekomplex gilt als bedeutendster französisch beeinflusster Bau böhmischer Frühgotik. Ende des 18. Jh. geschlossen, wurde er erst nach dem Zweiten Weltkrieg instand gesetzt und ist heute in weiten Teilen zugänglich. In der Salvator-Kirche findet man die Grabstätten der hl. Agnes und weiterer Vertreter des Přemysliden-Geschlechts.

Sehenswert

Nationalgalerie im Agneskloster

| Museum |

Der Klosterkomplex beherbergt eine Abteilung der Nationalgalerie. Die Dauerausstellung zeigt böhmische und mitteleuropäische Kunst aus Mittelalter und Renaissance. Zu den ausgestellten Werken gehören eine romanische Muttergottes des späten 12. Jh. sowie der Altarzyklus des Meisters von Wittingau aus den 1360er-Jahren. Seit 2016 ergänzen im Garten Plastiken zeitgenössischer Künstler das Repertoire um eine moderne Note. Im Sommer wird der Garten zur Bühne für Kino und Konzerte.

■ Tel. 224 301 122, Di–So 10–18 Uhr (1. Mi im Monat bis 20 Uhr), www.ngprague.cz, 250 CZK, erm. 140 CZK

Parken

Car Parking Hradební Nur rund 100 m östlich des Klosters, neben der Štefánik-Brücke (Štefánikův most) findet man einen kleinen Parkplatz für rund 50 Pkw. ■ Tel. 602 506 091, Mo–Fr 7–23, Sa 8–23, So 8–19 Uhr, 60 CZK/Std.

Platz der Republik (Náměstí Republiky): links das Gemeindehaus (Obecní dům)

8 Josefov

Geschichtsträchtig und chic – das alte jüdische Viertel Josefstadt

Alter Jüdischer Friedhof in der Josefstadt, einer der ältesten Europas

Information

- Metro A, Tram 2, 17, 18, 27, 93, Bus 194, 207 (Staroměstská)
- Prague City Tourism, siehe S. 18 und im Jüdischen Museum (siehe rechts)
- Parken: siehe S. 23, 37

Das ehemalige jüdische Viertel gehört dank herausragender Jugendstil-Häuser zu den schönsten Prags. Vom Erbe der jüdischen Bevölkerung, die über Jahrhunderte das Leben der Stadt mitprägte, zeugt noch ein halbes Dutzend Synagogen. Ab dem 13. Jh. entwickelte sich um die Altneu-Synagoge eine der größten Judenstädte Europas. Im ummauerten Ghetto lebten Juden in erbärmlich eingeengten Verhältnissen. Erst unter Regentschaft des Habsburger-Kaisers Joseph II. Ende des 18. Jh. verbesserte sich ihre Situation. Ihm zu Ehren trug das Viertel fortan den Namen Josefstadt (Josefov). 1893–1914 folgte die Assanierung – im Prager Zentrum wurde eine Fläche von 38 Fußballfeldern abgerissen. Besonders betroffen war das Judenviertel. Vom dichten Geflecht verwinkelter Gassen blieb wenig übrig. Die gegenwärtige Silhouette, geprägt von herrschaftlichen Jugendstil-Fassaden und dem prächtigen Boulevard Pariser Straße (Pařížská), ist das Ergebnis dieser Um-

Plan
S. 35

gestaltung. Das Jüdische Museum mit sieben Ablegern vereint die erhaltenen Teile des ehem. jüdischen Viertels.

■ Jüdisches Museum: Tickets: Maiselova 15, Tel. 222 317 191, www.jewishmuseum.cz, tgl. außer Sa und jüdische Feiertage Ende Okt.–Ende März 9–16.30, sonst 9–18 Uhr, 400 CZK, erm. 300 CZK, Kombiticket mit Altneu-Synagoge: 550 CZK, erm. 400 CZK

Sehenswert

a Pariser Straße

| Flaniermeile |

Am nördlichen Ende des Altstädter Rings beginnt die Pariser Straße (Pařížská). Gucci, Prada und Rolex – internationale Luxusmarken eröffneten nach der politischen Wende 1989 ihre Shops. Die prächtige Flaniermeile wird ihrem Namen gerecht, ähnelt sie doch einem Pariser Boulevard. Wer verspielte Jugendstil-Gebäude liebt, sollte seinen Blick auf die beeindruckenden Fassaden richten.

b Pinkas-Synagoge

| Gotteshaus |

Die zweitälteste erhaltene Synagoge des Viertels (Pinkasova synagoga) wurde 1535 von der Familie Horowitz gestiftet. Spätgotische Rippengewölbe, Renaissance- und Rokoko-Elemente schmücken das Bethaus, das ab 1955 als Gedenkstätte für böhmische und mährische Opfer des Holocaust diente. Nach der sowjetischen Invasion 1968 wurde es geschlossen und erst 1995 wieder der Öffentlichkeit zugänglich

ADAC Mobil

In Prag unüberlegt in das erstbeste **Taxi** zu steigen, kann schnell das Vielfache des Normalpreises kosten. Die Gilde genießt hier noch immer einen schlechten Ruf – oft nicht zu Unrecht. Mit den gelben Taxis des Unternehmens **AAA-Taxi** können Sie mit einem fairen Preis rechnen. Über die Internetseite lässt sich auch eine Bestell-App herunterladen. Private Fahrer der digitalen Anbieter Bolt und Uber bringen Sie noch günstiger von A nach B.

Tel. 14 014, Tel. 222 333 222, www.aaataxi.cz

Spanische Synagoge im maurischen Stil, jüngstes jüdisches Bethaus Josefovs

gemacht. Neben der Tora-Nische sind die Namen von 77 297 Ermordeten auf die Wand geschrieben.

Široká 3, siehe Jüdisches Museum S. 33

Alter Jüdischer Friedhof

| Begräbnisstätte |

Ort der Ruhe abseits des Großstadtgetümmels

Am westlichen Rand Josefovs vereint der Alte Jüdische Friedhof (Starý židovský hřbitov) auf 11 000 m² rund 12 000 Grabstelen in bis zu zwölf Schichten übereinander. Das Areal neben der Pinkas-Synagoge diente vom 15. Jh. bis 1787 als letzte Ruhestätte für die Ghettobewohner. Viele Grabsteine sind mit Motiven verziert, die Aufschluss über die Tätigkeit des Toten geben oder den Namen symbolisieren. Berühmtestes Grabmal ist das von Rabbi Löw alias Jehuda Liwa ben Bezalel (mit Löwen geschmückt), der als Gelehrter und Prediger auch bei Kaiser Rudolf II. hohes Ansehen genoss. Dem 1609 verstorbenen obersten Lehrer der Talmudschule wurden übernatürliche Kräfte nachgesagt. So soll er aus Ton einen überdimensionierten Diener geschaffen und diesen »Golem« dank eines magischen Zettels zum Leben erweckt haben, um die jüdische Bevölkerung vor Pogromen zu schützen.

Široká 3, siehe Jüdisches Museum S. 33

d Maisel-Synagoge

| Gotteshaus |

Ende des 16. Jh. gab Mordechai Maisel, Hofbankier und Vorsteher der jüdischen Gemeinde Prags, ein Gebetshaus (Maiselova synagoga) im Renaissance-Stil in Auftrag. Ein Großbrand 1689 beschädigte es stark, sodass später immer wieder Umbauten vorgenommen wurden. Sein heutiges neogotisches Erscheinungsbild stammt von der Wende vom 19. zum 20. Jh. Die Dauerausstellung dokumentiert die Geschichte der Juden in Böhmen vom 10. bis zum 18. Jh. Seit der letzten Restaurierung enthält die Schau zahlreiche interaktive Elemente. Besonders sehenswert: das digitalisierte Modell des Viertels vor der Assanierung.

Maiselova 10, siehe Jüdisches Museum S. 33

e Altneu-Synagoge

| Gotteshaus |

Eine der ältesten im Original-Zustand erhaltenen Synagogen

Die Prager Hauptsynagoge (Staronová synagoga) stammt aus der zweiten Hälfte des 13. Jh. Das zweischiffige frühgotische Gebetshaus zählt zu den ältesten des Kontinents und überstand Brände, Pogrome und Assanierung mehr oder weniger schadlos. In der Mitte des Gebetsraums steht ein mit Eisengitter umzäuntes Podium, der Almenor, wo aus der Tora vorgelesen wird, bevor die Rollen wieder im heiligen Schrein Aaron haKodesch in der Ostseite verstaut werden. Die kleinen Fenster an der Nordseite wurden im 18. Jh. für Frauen in die Wand geschlagen. Die Altneu-Synagoge gehört nicht zum Jüdischen Museum, kann aber mit dem Kombi-Ticket besichtigt werden.

■ Červená, www.synagogue.cz, So–Fr 9-18 Uhr, 220 CZK, erm. 150 CZK

f Klausen-Synagoge

| Gotteshaus |

Neben dem Alten Friedhof stand bis zum Stadtbrand 1689 ein Gebäudekomplex mit Synagoge, Ritualbad und Talmudschule, dem das westjiddische Wort für Lehrhaus »Klaus« (von »Klausur«, Klausová synagoga) seinen Namen gab. Nach einem Brand errichtete die jüdische Gemeinde ein neues Gebäude, das als zweite Hauptsynagoge der Stadt diente. Das größte jüdische Gebetshaus des Viertels ist das einzig erhaltene der Barockzeit. Heute enthält es eine Ausstellung zu jüdischen Bräuchen und Traditionen.

■ U Starého hřbitova 3a, siehe Jüdisches Museum S. 33

g Spanische Synagoge

| Gotteshaus |

An der Stelle der ältesten Synagoge der Stadt, die Juden östlicher Herkunft bereits im 12. Jh. errichteten, steht heute das jüngste aller jüdischen Bethäuser (Španělská synagoga) des Viertels. Es wurde 1868 eingeweiht. Vorbild war der Tempel der Wiener Leopoldstadt,

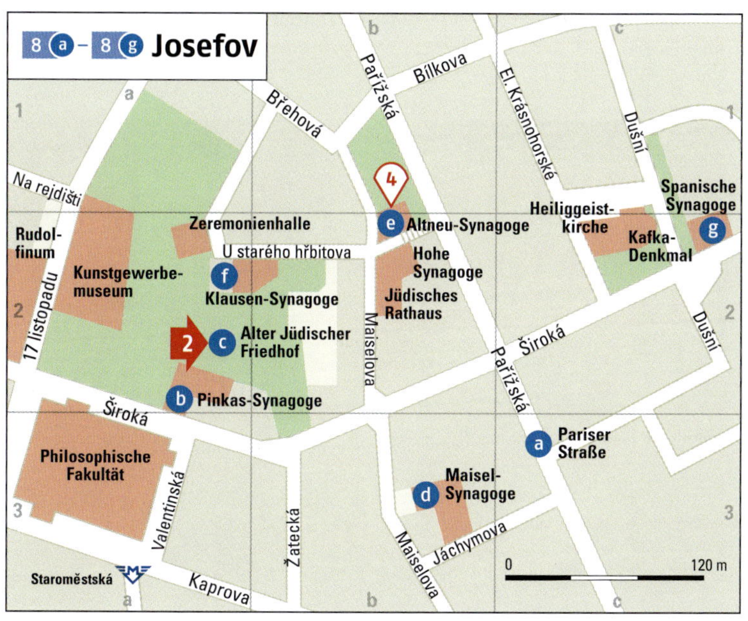

Plan S. 35

der sich am maurischen Baustil orientiert. Der prachtvolle, mit vielen Details ausgestattete Innenraum gehört zum Spektakulärsten, was das jüdische Viertel zu bieten hat. Die historische Ausstellung im Erdgeschoss behandelt u. a. die Zeit der Reformen Kaiser Josephs II., die zionistische Bewegung in Böhmen und die Epoche der Shoa.

■ Vězeňská 1, siehe Jüdisches Museum S. 33

Restaurants

€€ | Katr In dem Designerlokal wird traditionelle böhmische Küche modern interpretiert. Hier kommen vor allem Fleischliebhaber voll auf ihre Kosten.

■ Vězeňská 9, Tel. 222 315 148, www.katrrestaurant.cz, Plan S. 35 östl. c1

€€ | Alforno Erstklassiges und gemütliches Restaurant mit typisch italienischer Küche und gutem Mittagsmenü

Im Blickpunkt

Land der Klassischen Musik

Tschechien blickt auf eine reiche Klassik-Tradition mit weltbekannten Werken und Komponisten. Ihre Hochblüte begann in der zweiten Hälfte des 19. Jh. Bedřich Smetanas Zyklus »Mein Vaterland« oder Antonín Dvořáks Sinfonie »Aus der Neuen Welt« gehören bis heute zum Repertoire aller großen Orchester. Mit Leoš Janáček (»Das schlaue Füchslein«) und dem Neoklassizisten Bohuslav Martinů sind zwei weitere Komponisten von Weltruf zu nennen. Bedeutendste Prager Spielstätten für Klassik sind das Gemeindehaus (S. 29), der Spanische Saal auf der Burg und das Rudolfinum (S. 37, Abb. unten der Dvořák-Saal), Heimstätte der Tschechischen Philharmonie und Hauptspielort der Klassik-Festivals Prager Frühling (Pražské jaro) und Dvořáks Prag (Dvořákova Praha (S. 126).

www.festival.cz/en, www.dvorakovapraha.cz

(11 und 15 Uhr). Leicht gehobene, doch angesichts der Lage durchaus faire Preise. ■ Široká 6, Tel. 224 818 322, www.alforno.cz/siroka, Plan S. 35 a3

ADAC Spartipp

Kioske, Fast Food und Lebensmittelläden (»potraviny«) in der Altstadt sind teuer. Günstiger erhält man Mineralwasser oder Brötchen bei **Žabka**. Im Jüdischen Viertel: *Kaprova 9, U Obecního dvora 2, 6–20 Uhr*

Cafés

Café Ebel Kleines, charmantes Café, in dem auch Einheimische die Bio- und Fairtrade-Produkte genießen. ■ Kaprova 11, Tel. 604 265 125, Plan S. 35 a3

9 Rudolfinum

Pompöses Künstlerhaus mit Philharmonie und spannender Galerie

■ Metro A, Tram 2, 17, 18, 27, 93, Bus 207 (Staroměstská)
■ Alšovo nábřeží 12, www.rudolfinum.cz

Das Konzert- und Ausstellungsgebäude am Moldau-Ufer gehört zu den prominentesten architektonischen Vertretern der sog. Nationalen Wiedergeburt. Zwischen 1876 und 1884 errichtet, ist das Rudolfinum imposanter Ausdruck tschechischen Nationalbewusstseins. Architekten des Neorenaissance-Palasts waren Josef Zítek und dessen Schüler Josef Schulz, beide auch für den Bau des Nationaltheaters (S. 76) zuständig. Seit Beginn der bürgerlichen Revolution wuchs bei der slawischen Bevölkerungsmehrheit der Wille, ihrer Identität nicht nur politisch und wirtschaftlich, sondern auch künstlerisch Ausdruck zu verleihen. Das nach Kronprinz Rudolf benannte Gebäude war von Anfang als ein Haus der Künstler (Dům umělců) konzipiert. Nach Ausrufung der Tschechoslowakei diente es der Nationalversammlung als Abgeordnetenhaus. Heute ist das Rudolfinum Sitz der Tschechischen Philharmonie (S. 41), die 1896 erstmals unter der Leitung von Antonín Dvořák auftrat.

Gefällt Ihnen das?

Das **Rudolfinum** ist eines von mehreren Bauwerken, mit denen die Tschechen im 19. Jh. ihr wachsendes Nationalgefühl manifestierten. Weitere bedeutende Zeugnisse aus jener Epoche sind das **Nationalmuseum** am Wenzelsplatz (S. 66), das **Nationaltheater** (S. 76) sowie der **Ehrenfriedhof** auf dem Vyšehrad (S. 114).

Parken

Rudolfinum Parking Garage Über das Dvořák-Ufer (Dvořákovo nábřeží) erfolgt die Zufahrt direkt unter Konzerthaus und Jan-Palach-Platz. ■ Alšovo nábřeží 12, Tel. 222 328 687, 60 CZK/Std., 660 CZK/Tag

Sehenswert

Galerie Rudolfinum An der Moldauseite des Gebäudes liegt der Eingang zur Galerie. Wechselausstellungen zeitgenössischer Kunst entfalten in den großzügigen Räumen einen ganz besonderen Charme. ■ Tel. 227 059 205, www.galerierudolfinum.cz, Di–So 10–18, Do 10–20 Uhr, Eintritt frei

10 Klementinum

Ehemaliges Jesuitenkolleg mit einem spektakulären Lesesaal

■ Metro A, Tram 2, 17, 18, 27, 93 (Staroměstská); Bus 194 (Mariánské náměstí)
■ Mariánské náměstí 5

Das Areal des Klementinums mit fünf Innenhöfen, den sehenswerten Kirchen St. Salvator und St. Clemens sowie der Spiegelkapelle ist nach der Burg der weitläufigste Gebäudekomplex des alten Prag. 1556 überschrieben die Habsburger das ehem. Dominikanerkloster den Jesuiten. Diese errichteten darin eine Stätte der höheren Bildung und Wissenschaft und bauten sie 1653–1726 im Barockstil um. 1773 musste der Orden die Stadt verlassen. Der Komplex diente fortan als erzbischöfliche Hochschule und Bibliothek. Heute ist er Sitz der Tschechischen Nationalbibliothek.

Sehenswert

Astronomischer Turm

| Aussichtsturm |

Im Zuge der barocken Neugestaltung des Kollegs entstand 1722 der Astronomische Turm. Der Regensburger Naturwissenschaftler Joseph Stepling richtete darin 1751 eine Sternwarte ein. Ab 1775 erfolgten tägliche Wetterbeobachtungen, die zu den längsten ununterbrochenen meteorologischen Aufzeichnungen Europas zählen. Im Turm sind astronomische, geophysikalische und meteorologische Instrumente aus dem 19. Jh. ausgestellt. Wer nicht viel mit Wissenschaftsgeschichte anfangen kann, wird auf der Aussichtsplattform mit einem atemraubenden Blick über die Dächer der sprichwörtlich »hunderttürmigen« Stadt belohnt.

Barocker Lesesaal

| Bibliothek |

Zu den eindrucksvollsten Barockräumen der Stadt zählt der Lesesaal der Nationalbibliothek. Hier sollte man kurz innehalten und sich Zeit nehmen, den Hauch der Historie einzuatmen, den dieser Ort verströmt. Im Saal sind rund 20 000 Bände überwiegend theologischer Literatur untergebracht. Die Deckenfresken des schwäbischen Malers Johann Hiebl stellen den »Tempel der Weisheit« dar. Kaiser Joseph II. blickt von einem Porträt am Ende des Saals auf eine Reihe alter Globen.

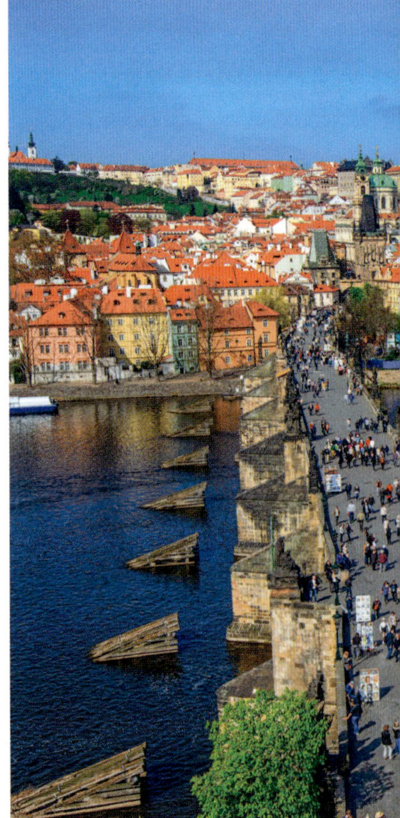

■ Astronomischer Turm und Lesesaal nur Führung. Tel. 221 714 714, www.prague.eu/clementinum, tgl. Jan.–März 10–18, April–Sept. 9–21, Okt.–Dez. 9–20 Uhr, Eintritt 300 CZK, erm. 200 CZK, in den ersten beiden Stunden zum halben Preis

11 Karlsbrücke
Karlův most

Wahrzeichen der Stadt: eine der ältesten Steinbrücken Europas

■ Tram 2, 17, 18, 27, 93 (Karlovy lázně)

Als Prag im Hochmittelalter zu einer wichtigen zentraleuropäischen Residenz- und Handelsstadt heranwuchs, wurde auch ein stabiler Weg über die Moldau nötig. Bereits im 12. Jh. ersetzte eine Steinbrücke die vorige Holzkonstruktion. Die Judithbrücke stürzte jedoch 1342 nach einem Hochwasser ein, und so legte Karl IV. (S. 114) 15 Jahre später den Grundstein für die nach ihm benannte Verbindung zwischen Altstadt und Kleinseite. Warum der Herrscher so lange für die Entscheidung brauchte, eine neue Brücke zu bauen, und die alte nicht einfach wiederherstellte, ist ein von Historikern nach wie vor ungelöstes Rätsel. Architekt war der schwäbische Baumeister Peter Parler, der auch die Pläne für den Veitsdom (S. 47) und Burg Karlstein (S. 114) lieferte. Die Brücke hielt den

Die Karlsbrücke über die Moldau verbindet Altstadt und Kleinseite

Stürmen der Zeit wie Naturkatastrophen und Kriegen stand. Anfang des 20. Jh. führte sogar eine Straßenbahn darüber. Später wurde sie auch von Autos befahren. Seit den 1960er-Jahren dient sie nur noch Fußgängern.

Es gibt keinen anderen Ort in Prag, an dem dessen glanzvolle Geschichte so hart mit den Realitäten einer modernen Touristenmetropole zusammenprallt. Verliebte Paare mit Selfie-Stick, asiatische Touristengruppen in gefühlten Hundertschaften, Straßenmusiker, Trödelhändler und Bettler säumen den engen Weg. Leider gibt es inzwischen keine Tageszeit mehr, zu der man halbwegs ungestört vom einen Ende zum anderen gelangt. Einheimische meiden die Brücke in der Regel. Doch sie ist nach wie vor das berühmteste Wahrzeichen Prags, ein magischer Anziehungspunkt und ein sehr beliebtes Fotomotiv.

Der Brückenheilige Johannes von Nepomuk beschützt die Karlsbrücke

Sehenswert

Altstädter Brückenturm

| Wehrturm |

Zuerst durchschreiten Besucher von der Altstadt her den 40 m hohen Brückenturm (Staroměstská mostecká věž). Das imposante gotische Bauwerk wurde gleichzeitig mit der Karlsbrücke errichtet, die Konstruktion dabei nicht nur als Wehranlage, sondern auch als Wahrzeichen der luxemburgisch-böhmischen Herrschaft konzipiert. So wird die Wenzelskrone im Gewölbe des Torbogens flankiert von den Wappen des Heiligen Römischen Reiches und des Königreichs Böhmen. Die Fassaden schmücken Statuen von Bischöfen, weltlichen Fürsten und des böhmischen Landespatrons St. Veit. Der Turm (mit kleinem Museum) ist begehbar.

■ Tel. 221 714 714, tgl. Jan.–März, Okt., Nov. 10–18, April, Mai, Sept. 10–19, Juni–Aug. 9–21, Dez. 10–20 Uhr, 190 CZK, erm. 130 CZK, in der 1. Stunde zum halben Preis

Figurengruppen

| Skulpturen |

Insgesamt 30 überwiegend barocke Figuren oder Figurengruppen wurden von bedeutenden Institutionen oder wohlhabenden Privatleuten gestiftet. Die älteste und berühmteste Skulptur, der hl. Johannes von Nepomuk, steht, wenn man von der Altstadt kommt, rechtsseitig an achter Stelle. Die Statue des Brückenheiligen wurde von Johann Brokoff und Matthias Rauchmüller angefertigt und 1683 aufgestellt. Der Generalvikar des Erzbistums Prag fiel bei König Wenzel IV. in Ungnade und wurde im Jahr 1393 von der Karlsbrücke in die Moldau gestürzt. Den Ort des Sturzes kennzeichnet bis heute ein in die Brüstung eingearbeitetes Kreuz.

Am Abend

Die Altstadt zählt zu den lebendigsten und kulturell vielseitigsten Stadtvierteln. Selbst wenn sie tagsüber fast nur Touristen »gehört«, mischen sich abends auch Einheimische unter das Ausgehvolk. Urige Kneipen und schummrige Jazzclubs ziehen viele Prager an. Programmkino und Kleintheater dürften auch Freunden gehobener Unterhaltung gefallen. Und nahe am Moldau-Ufer findet man die eine oder andere Bar mit Lokalkolorit. Leider wollen zentrumsnahe Etablissements oft nur naiven Touristen das Geld aus der Tasche ziehen. Es ist auf jeden Fall die Mühe wert, statt überteuerten Einheitsbreis die authentischen Originale zu suchen.

Bühne

Divadlo Na zábradlí Kleines Autorentheater, das sich seit den 1960ern als Bühne für experimentelle und kritische Strömungen einen Namen machte. So wirkte im »Theater am Geländer« auch der spätere Dichterpräsident Václav Havel. Viele Stücke mit englischen Übertiteln. ■ Anenské náměstí 5, Tel. 222 868 880, www.nazabradli.cz, Tram 2, 17, 18, 27, 93(Karlovy lázně)

Stavovské divadlo Im Ständetheater (S. 27) kommen klassische Opern, Ballett und Sprechtheater-Stücke zur Aufführung. Hohes Niveau, aber etwas brave und konventionelle Interpretationen. ■ Železná, Tel. 224 901 448, www.narodni-divadlo.cz, Metro B, Tram 6, 8, 15, 26, 91, 94, 96 (Náměstí Republiky)

Konzerte

Rudolfinum Das führende Konzerthaus des Landes für klassische Musik (S. 37) ist Heimat der Tschechischen Philharmonie und Ort renommierter Festivals. ■ Alšovo nábřeží 12, Tel. 227 059 227, www.rudolfinum.cz, www.ceskafilharmonie.cz, Metro A, Tram 2, 17, 18, 27, 93 (Staroměstská)

AghaRTA Jazz Club Uriger Jazzclub in einem Kellergewölbe nahe dem Ständetheater. Täglich Konzerte tschechischer Solisten und Bands. Für die Lage sehr faire Preise. ■ Železná 16, Tel. 222 211 275, www.agharta.cz, tgl. 19–24 Uhr, Konzerte ab 21 Uhr, Eintritt 300 CZK, Tram 6, 8, 15, 26, 91, 94, 96 (Náměstí Republiky)

Kneipen, Bars und Clubs

Club Roxy Der Club gehört zu den angesagtesten und bekanntesten Diskotheken mit elektronischer Musik. Unter der Woche manchmal Konzerte von Pop- und Rockbands. ■ Dlouhá 33, Tel. 608 060 745, www.roxy.cz, Fr, Sa 23–5 Uhr, Tram 6, 26, 91, 94 (Dlouhá třída)

Duende Schlichte Café-Bar mit alternativem Flair. Viele einheimische Gäste, die auch mal die Gitarre zur spontanen Jam-Session rausholen und sehr gern einen über den Durst trinken. ■ Karoliny Světlé 30, Tel. 774 486 077, www.barduende.cz, Mo–Sa 15–1, So 16–1 Uhr, Tram 2, 17, 18, 27, 93 (Karlovy lázně)

Hemingway Bar Edel und stilvoll eingerichtete Cocktail- und Whisky-Bar. Jedes Jahr unter den besten Bars des

Landes. Entsprechendes Preisniveau. Reservierung empfehlenswert. ■ Karolíny Světlé 26, Tel. 773 974 764, www.hemingwaybar.cz, Mo–Do 17–1, Fr 17–2, Sa 19–2, So 19–1 Uhr, Tram 2, 17, 18, 27, 93 (Karlovy lázně)

Klubovna 2. patro Hipper Underground-Club in einem alten Palais (Eingang in einem Innenhof an der Dlouhá-Straße, linksunter den Arkaden). Gute Drinks. ■ Dlouhá 37, Tel. 739 839 827, www.2patro.com, Partys und Konzerte meistens Di, Sa, So ab 22 Uhr, Tram 6, 8, 15, 26, 91, 94, 96 (Dlouhá třída)

Konírna Früher Pferdestall, heute urige Kneipe. Einheimische treffen sich hier zum Feierabendbier. Entspannte Atmosphäre, erstaunlich günstige Preise. ■ Anenská 11, Tel. 603 477 440, www.barkonirna.cz, tgl. 15–24 Uhr, Tram 2, 17, 18, 27, 93 (Karlovy lázně)

Myslíš? 2020 eröffnete Hipster-Bar mit origineller Einrichtung, veganen Gerichten und großer Auswahl von Craftbieren. Im Kellergeschoss trifft sich ein internationales Publikum zu Stand-up-Comedy, Pubquiz, Improtheater und Open-Mic-Events. ■ Skořepka 3, Tel. 774 591 091, Mo–Fr 11–2, Sa 17–2, So 18–24 Uhr, Metro A (Můstek), Metro B, Tram 2, 9, 18, 22, 93, 97, 98, 99 (Národní třída)

Kinos

Ponrepo Das altehrwürdige Lichtspielhaus am südlichen Rand der Altstadt gehört dem nationalen Filmarchiv. Das Programm beinhaltet daher ausschließlich tschechische und internationale Klassiker der Filmgeschichte, die oft, aber nicht immer, mit englischen Untertiteln gezeigt. ■ Bartolomějská 11, Tel. 778 522 708, www.nfa.cz/en, Mo–Sa 16.30–20.45, So 14.30–20.45 Uhr, Metro B, Tram 2, 9, 18, 22, 93, 97, 98, 99 (Národní třída)

Übernachten

Die Altstadt verfügt über eine hohe Dichte an Hotels und Pensionen. Doch auch hier beherrschen Privatunterkünfte über Internetportale wie Airbnb zunehmend den Markt – Prinzip: Je zentraler desto teurer. Es empfiehlt sich, eine Unterkunft abseits der Touristenmeilen zu buchen. An vielen Straßenecken ist es bis spät in die Nacht recht laut. Im Folgenden sind besonders Unterkünfte aufgeführt, in denen man seinen Aufenthalt nicht nur in gepflegten Zimmern bei freundlichem Service, sondern auch in ruhiger Lage genießen kann.

€–€€

Pension U Zeleného věnce Pension mit schönen, hellen Zimmern. Das Haus aus dem 14. Jh. vermittelt mit seinem Gebälk und den dicken romanischen Mauern einen Hauch von Mittelalter. Gegenüber befindet sich das Café Montmartre (S. 26). ■ Řetězová 10, Tel. 222 220 178, www.uzv.cz

€€

Betlem Club Solides, gemütliches und günstiges Dreisternehotel am Bethlehemsplatz. Dass die Zimmer etwas altbacken eingerichtet sind, machen der Standort und die schöne Sicht auf den Platz allemal wett. ■ Betlémské náměstí 9, Tel. 222 221 574, www.betlemclub.cz

Černý slon Der »Schwarze Elefant« liegt in unmittelbarer Nähe der Teynkirche. Dank isolierten Fenstern in den Zimmern bleibt der Lärm der nahen Touristenscharen aber draußen. Der authentische Charme des gotischen Hauses (Mitte 14. Jh.) ist einmalig. In der hauseigenen Weinstube im Kellergewölbe wähnt man sich auf Zeitreise in eine mittelalterliche Schenke versetzt. ■ Týnská 1, Tel. 222 321 521, www.hotelcernyslon.cz

Monastery Garden Das Boutique-Hotel liegt am Nordende der Altstadt in einer stillen, romantischen Ecke. Es bietet neben tollem Service und tadellosen Zimmern auch eine kleine Wellness-Spa-Anlage. Von einigen Zimmern eröffnen sich Ausblicke auf das gegenüberliegende Agneskloster. ■ Řásnovka 1, Tel. 222 311 230, www.monasterygardenprague.com

Pension U Lilie Sympathisches, zentral gelegenes Gästehaus. Altstädter Ring, Klementinum und Karlsbrücke sind nur wenige Schritte entfernt. Die kleinen Zimmer sind schlicht eingerichtet. Das hauseigene Restaurant bietet italienische und böhmische Küche zu vernünftigen Preisen. Im Sommer kann man im schmucken Innenhof unter freiem Himmel dinieren. ■ Liliová 15, Tel. 222 220 432, www.pensionulilie.cz

€€€

Buddha-Bar Hotel Exklusives Fünfsternehotel zwischen Altstädter Ring und Platz der Republik. Auf die Gäste warten ein fernöstlich angehauchtes Ambiente, Fusionsküche im Siddharta Café und in der namensgebenden Buddha-Bar sowie ein Wellnessbereich mit Whirlpool, Dampfbad und Hot-Stone-Massage. ■ Jakubská 8, Tel. 221 776 300, www.buddhabarhotel prague.cz

Four Seasons Einer der Marktführer im Luxussegment: Und die exquisite Lage macht das Hotel zu etwas ganz Besonderem. Der Ausblick auf Moldau, Karlsbrücke und Burg ist schlicht unschlagbar. Auf der hauseigenen Website gibt es Sonderangebote. ■ Veleslavínova 2a, Tel. 221 427 000, www.fourseasons.com/prague

ADAC Das besondere Hotel

U Medvídků Das Dreisternehotel überzeugt mit familiärem Charme und speziellen Übernachtungsmöglichkeiten. Einige Zimmer sind mit originalen Deckengemälden aus der Renaissance verziert oder verfügen über alte gotische Deckengewölbe. Zusätzlich gehört eine Bierstube samt Minibrauerei zum Haus, in der man typisch böhmische Kneipenatmosphäre erlebt.

€€ | Na Perštýně 7, Tel. 224 211 916, www.umedvidku.cz

Burg und Kleinseite – Das malerische Prag

Verwinkelte Gassen und prächtige Gebäude im Schatten der eindrucksvollen Burgstadt

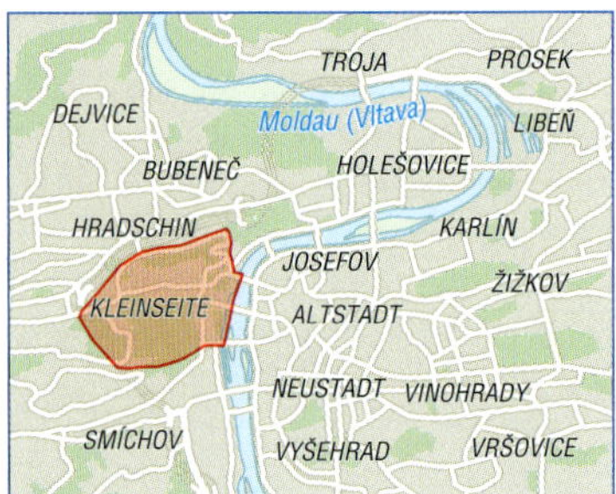

Majestätisch thront die Burg über der Stadt. Über 1000 Jahre Geschichte haben sich hier eingeschrieben. Ihr begegnet man mit jedem Schritt auf dem Hradschin, der die Kunstepochen wie ein Museum zusammenbringt. Millionen von Touristen besuchen jährlich die Prager Burg. Man sollte genügend Zeit einplanen, wenn man zum Hradschin hinaufsteigt. Mit Wartezeiten muss man manchmal auch an den Infozentren rechnen. Hier werden die Tickets für den Besucherrundgang, die Dauerausstellungen und den Südturm des Veitsdoms verkauft.

Nicht weniger bezaubernd ist das Viertel unterhalb der Burg: »Die Kleinseite – Häuser wie Menschen – haben etwas Stilles an sich, etwas Würdiges, Altertümliches, sagen wir auch Verschlummertes ...«, schrieb Jan Neruda in seinen »Kleinseitner Geschichten« (S. 61). In der Tat versprüht der Stadtteil eine besondere Atmosphäre, wirkt stellenweise fast dörflich und verschlafen.

In diesem Kapitel:

ADAC Top Tipps:

Veitsdom
| Dom |
Tschechiens größtes Gotteshaus im Herzen der Prager Burg mit Grablege der böhmischen Könige dominiert die Stadtsilhouette. Es gehört zu den Meisterwerken europäischer Gotik. 47

Petřín
| Park |
Ob zu Fuß oder mit der Standseilbahn: Vom Laurenziberg hoch über der Kleinseite genießt man eine beeindruckende Aussicht auf den gegenüberliegenden Hradschin. 54

ADAC Empfehlungen:

12 Prager Burg (Pražský hrad)

Einstige Residenz und Wahrzeichen der Stadt

Die Basilika St. Georg (rechts) ist der älteste noch erhaltene Sakralbau Prags

Information

- Metro A (Malostranská u. Hradčanská), Tram 22, 23 (Pražský hrad)
- Tel. 224 372 423, www.hrad.cz/en, tgl. 6–22 Uhr, Sehenswürdigkeiten: April–Okt. 9–17, Nov.–März 9–16 Uhr, Areal frei zugänglich
- Tickets: Besucherrundgang (Alter Königspalast, Basilika St. Georg, Goldenes Gässchen, Veitsdom) 250 CZK, erm. 125 CZK, Dauerausstellungen (Geschichte der Prager Burg, Gemäldegalerie) 200 CZK, erm. 150 CZK, Südturm des Veitsdoms 150 CZK an den Infozentren (2. und 3. Burghof)
- Parken: siehe S. 50

Der Hradschin (Pražský hrad), eine der größten Burganlagen der Welt, gehört zu den Hauptattraktionen der Stadt. Das Herrschergeschlecht der Přemysliden gründete die Burg im 9. Jh. Im 11. Jh. erhielt die hölzerne Anlage einen steinernen Wall. V. a. die Regentschaft Kaiser Karls IV. (1316–1378, S. 114) formte das Aussehen der Burg, aber auch Rudolf II. (1552–1612) hinterließ seine Spuren. Heute prägt eine Vielfalt an Baustilen die Anlage, die als Residenz des Staatsoberhaupts dient. Über die Pulverbrücke (Prašný most) im Norden gelangt man direkt auf den zweiten Burghof mit der Heilig-Kreuz-Kapelle (Kaple sv. Kříže). Um 12 Uhr

Plan S. 48 

kann man vor den Toren des ersten Burghofs die Wachablösung mit Fahnen und Fanfaren verfolgen.

Sehenswert

 a

Veitsdom

| Dom |

 4

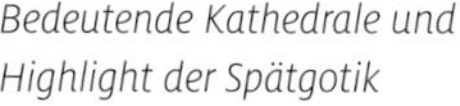

Bedeutende Kathedrale und Highlight der Spätgotik

Das Herzstück der Burg ist zweifellos der Dom (Katedrála sv. Víta), Krönungskirche und Grablege der böhmischen Könige. In der Schatzkammer werden die Krönungsinsignien aufbewahrt. Hat man den zweiten Burghof passiert, trifft man im dritten auf sein mächtiges Westportal. Der Grundstein wurde 1344 gelegt. Unterbrochen von den Hussitenkriegen, waren die Bauarbeiten erst Ende des 19. Jh. beendet. Im Alter von nur 23 Jahren wurde Peter Parler 1356 zum Dombaumeister ernannt. Mit dem Hochchor, seinem Netzrippengewölbe und den Büsten schuf er ein Meisterwerk der Gotik. Das Goldene Tor, ein gewaltiges Mosaik mit Szenen des Jüngsten Gerichts, schmückt die südliche Längsseite. Im Chorgang ragen die Kapellen der hl. Barbara und des hl. Wenzel heraus, Letztere reich mit Gold und Halbedelsteinen verziert. Beeindruckend ist auch die Rosette über dem Eingang und das Fenster links davon (dritte Kapelle): Alfons Mucha gestaltete es mit Szenen aus dem Leben der Slawenapostel Kyrill und Method.

■ Chorraum nur mit Kombiticket A oder B

ADAC Mobil

Die wohl günstigste **Stadtrundfahrt** ist eine reizvolle Möglichkeit, Prag zu erkunden. Die Straßenbahnlinie 22 verbindet den Westen mit dem Südosten: von grauen Plattenbausiedlungen durch das historische Zentrum hinauf zur Burg. Man überquert die Moldau, durchfährt die Kleinseite und passiert das Kloster in Břevnov (S. 112). Die Fahrt endet am Weißen Berg, wo die Katholiken einst die Protestanten besiegten. Mit einem Ticket für 40 CZK (S. 19, gültig 90 Min.) kann man so oft ein- und aussteigen, wie man will.

 Alter Königspalast

| Palast |

Über den dritten Burghof gelangt man zunächst zur gotischen Bronzestatue des hl. Georg. Als eines der ersten freistehenden Reiterstandbilder ist sie von großem kunsthistorischem Wert. Erschaffen wurde es um 1350 von den Brüdern Martin und Georg von Klausenburg. Auf dem Hof ist nur eine Kopie zu sehen, das Original steht im Alten Königpalast (Starý královský palác) an der Ostseite des Burghofs.

Vom späten 9. bis ins 16. Jh. residierten hier die böhmischen Fürsten und Könige. Überwältigend wirkt der Vladislav-Saal. Sein spätgotisches Sterngewölbe überspannt einen Raum von gewaltigen Ausmaßen: 62 m lang, 16 m breit, 13 m hoch. Benedikt Ried errichtete ihn 1493–1502 für König Vladislav II. Früher wurden hier die böhmischen Könige gekrönt, heute die tschechischen Staatspräsidenten vereidigt. Geschichte wurde im Statthalter-Saal geschrieben: Am 23. Mai 1618 warfen Vertreter der Protestanten die kaiserlichen Räte aus dem Fenster (zweiter Fenstersturz, S. 82) und lösten damit den Dreißigjährigen Krieg aus.

 Basilika St. Georg

| Kirche |

Gegenüber dem Chorabschluss des Veitsdoms erhebt sich die romanische Basilika St. Georg (Bazilika sv. Jiří), deren Inneres mit schlichter Schönheit überrascht. Begonnen 912, geweiht 925, ist sie Prags ältester erhaltener Sakralbau. Ihre heutige Barockfassade erhielt sie 1670.

Reste romanischer Deckenmalereien im Chorraum zeigen das Himmlische Jerusalem. Die Kapelle der hl. Ludmilla befindet sich auf der Südseite. Das

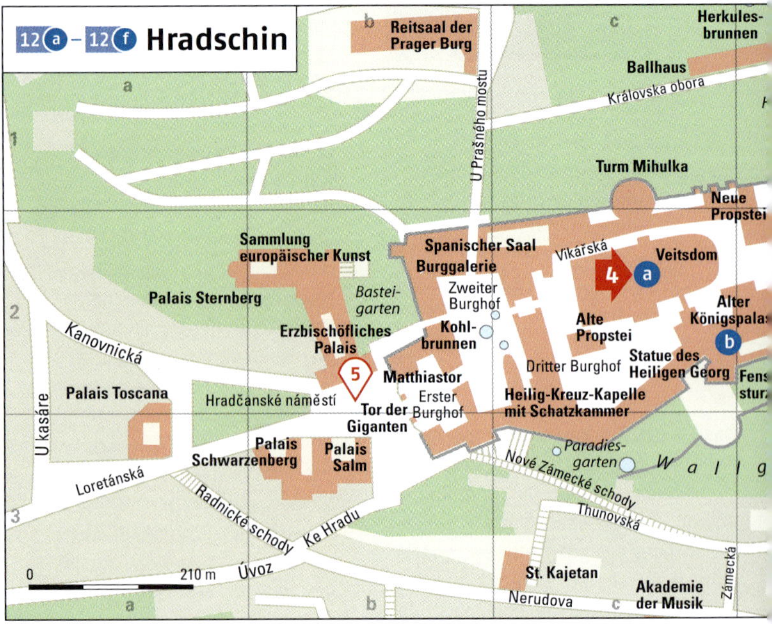

12a – 12f Hradschin

Reitsaal der Prager Burg
Herkulesbrunnen
Ballhaus
Královska obora
U Prašného mostu
Turm Mihulka
Neue Propstei
Sammlung europäischer Kunst
Spanischer Saal
Burggalerie
Vikářská
Veitsdom
Palais Sternberg
Basteigarten
Zweiter Burghof
Alte Propstei
Alter Königspalast
Kanovnická
Erzbischöfliches Palais
Kohlbrunnen
Dritter Burghof
Statue des Heiligen Georg
Palais Toscana
Matthiastor
Erster Burghof
Heilig-Kreuz-Kapelle mit Schatzkammer
Hradčanské náměstí
Tor der Giganten
U kasáre
Palais Schwarzenberg
Palais Salm
Paradiesgarten
Nové Zámecké schody
Loretánská
Radnické schody
Thunovská
Ke Hradu
0
210 m
Úvoz
St. Kajetan
Nerudova
Akademie der Musik
Zámecká

Im Goldenen Gässchen wohnten einst Alchimisten und Goldschmiede

Grabmal der Heiligen stammt von Peter Parler. Direkt an die Basilika schließt das ehemalige Benediktinerkloster St. Georg an.

d Goldenes Gässchen

| Straße |

In den winzigen Häuschen lebten einst die Armen, heute drängen sich die Touristenmassen durch das Goldene Gässchen (Zlatá ulička) an der Innenmauer der Burg. Unter Kaiser Rudolf II. wurden die zuvor einfachen Hütten als Unterkünfte für die Burgwachen umgebaut. Später zogen Alchimisten und Goldschmiede ein – daher der Name der Gasse. Berühmtester Bewohner war wohl Franz Kafka (S. 21 u. 57), der vorübergehend im Haus Nr. 22 lebte. In den pittoresken Häuschen sind heute Museen, Souvenir- und Buchläden untergebracht.

e Palais Lobkowitz

| Prachtbau |

Direkt an der Alten Schlossstiege liegt das Palais Lobkowitz, einziges Gebäude auf der Burg in Privatbesitz. Es wurde um 1550 für den damaligen Kämmerer und späteren Stallmeister Jaroslav von Pernstein errichtet. Im

17. Jh. fiel der Barockpalast an die Familie Lobkowitz. Nachdem der Bau von den Nazis konfisziert und später von den Kommunisten beansprucht worden war, erhielt ihn die Adelsfamilie 2002 zurück. Heute ist darin die Lobkowitzer Kunstsammlung ausgestellt – mit Werken von Lucas Cranach d. Ä., Canaletto und Pieter Bruegel d. Ä. sowie Beethovens Originalpartitur der 4. und 5. Sinfonie.

■ Jiřská 3, Tel. 702 201 145, www.lobkowicz.cz, tgl. 10–18 Uhr, 290 CZK, erm. 220 CZK

f Burggärten

| Parkanlagen |

Plätschernde Springbrunnen, zwitschernde Vögel und rauschende Blätter: Rund um den Hradschin bilden sechs Gartenanlagen einen grünen Ring mit ganz eigener Pracht. Die größte von ihnen ist der Königsgarten (Královská zahrada) im Norden der Burg. Zu ihm gelangt man über die Pulverbrücke (Prašný most) am zweiten Burghof. König Ferdinand I. ließ ihn um 1540 im Renaissance-Stil anlegen. Der Park beherbergt Sehenswürdigkeiten wie das oft als Belvedere bezeichnete Lustschloss der Königin Anna (Letohrádek královny Anny).
Ebenfalls im Norden der Burg, direkt unterhalb der Pulverbrücke, erstreckt sich der Hirschgraben (Jelení příkop). Ihren Namen verdankt die Schlucht dem Wild, das Rudolf II. hier hielt und jagte. Man gelangt zu ihr über den Königsgarten oder einen Seiteneingang an der Kurve der Chotkova-Straße. Eher klein ist der im vierten Burghof gelegene Garten auf der Bastion (Zahrada Na Baště). Südlich der Burg liegt der Paradiesgarten, angelegt im 16. Jh. Weiter im Osten schließen sich der Hartiggarten mit seinem Musikpavillon und der Wallgarten an. Man gelangt dorthin auch über den dritten Burghof über die sog. Stiertreppe (Býčí schodiště). Von dort ist es nur einen Katzensprung zu den barocken Palastgärten unterhalb der Burg.

Parken

Bei der **Tramstation Pohořelec** am westlichen, rückseitigen Ende des Burgviertels befinden sich öffentliche Parkplätze. Von hier aus erreicht man den Hradschin in wenigen Minuten zu Fuß. ■ 60 CZK/Std., Plan S. 48 westl. a3

Kinder

Spielzeugmuseum Nicht nur Kinder dürften sich in dem Museum im ehemaligen Burggrafenamt aus dem 16. Jh. erfreuen (gegenüber dem Palais Lobkowitz). Historische Teddybären, über 200 Barbiepuppen, Modelleisenbahnen und -luftschiffe warten auf Besucher, wo einst der Stellvertreter des Königs residierte. ■ Jiřská 4, www.toymuseumprague.com, tgl. 9.30–17.30 Uhr, 180 CZK, erm. 120 CZK, Kinder (bis 17 J.) 70 CZK, Plan S. 48 e1

13 Hradschiner Platz
Hradčanské náměstí

Adelspaläste mit bedeutenden Kunstsammlungen

■ Metro A (Malostranská u. Hradčanská), Tram 22, 23 (Pohořelec, Pražský hrad)

Dass hier einst die Armen wohnten, kann man sich kaum vorstellen. Nach einem Brand im Jahr 1541 übernahmen die Aristokraten den Wiederaufbau der

Burgvorstadt. So entstanden zahlreiche prunkvolle Bauten rund um den Hradschiner Platz. Heute reiht sich vor den Toren der Burg ein Palast an den anderen. Ein achtarmiger gusseiserner Kandelaber aus dem 19. Jh. erinnert an die Zeit, als ein Laternenanzünder das Licht noch in die Straßen trug.

Sehenswert

Mariensäule

| Denkmal |

Im Zentrum des Platzes steht eine Mariensäule, geschaffen vom böhmischen Bildhauer Ferdinand Maximilian Brokoff. Sie erinnert an die Pestepidemie des Jahres 1726. Die Figuren am Fuß der Säule stellen die böhmischen Landespatrone dar; gekrönt wird sie von einer Marienstatue.

Palais Schwarzenberg

| Prachtbau |

Den Süden des Hradschiner Platzes beherrscht das prächtige Palais Schwarzenberg (Schwarzenberský palác). Seine Fassade mit Sgraffiti nach italienischem Vorbild täuscht ein regelmäßiges Mauerwerk aus Diamantquadern vor, das Innere zeigt Deckenmalereien des 16. Jh. Von 1545 bis 1567 für die Adelsfamilie Lobkowitz erbaut, gelangte das Renaissance-Palais 1719 in den Besitz der Schwarzenbergs. Nach der Machtergreifung der Kommunisten diente es als Militärhistorisches Museum. Heute präsentiert die Nationalgalerie (Národní galerie) darin Werke Alter Meister.

■ Hradčanské náměstí 2, Tel. 224 301 122, www.ngprague.cz, Di–So 10–18 Uhr (Mi bis 20 Uhr), 250 CZK, erm. 140 CZK

Das Palais Schwarzenberg beherbergt eine Ausstellung barocker Kunst

St. Johannes Nepomuk, ehemalige Klosterkirche der Ursulinen

Palais Salm

| Prachtbau |

Im Osten schließt sich das Palais Salm (Salmovský palác) an. Der Ehrenhof des klassizistischen Gebäudes öffnet sich zum Hradschiner Platz. Anfang des 19. Jh. wurde sein Bau vom Prager Erzbischof Wilhelm Florentin von Salm-Salm in Auftrag gegeben. Josef von Schwarzenberg erwarb ihn 1811, um ihn mit seinem benachbarten Palais zu verbinden. Die Nationalgalerie zeigt darin wechselnde Ausstellungen moderner und zeitgenössischer Kunst. Vor dem Palais blickt die Statue des ersten Staatspräsidenten Tomáš Garrigue Masaryk zur Burg.

■ Hradčanské náměstí 2, Tel. 702 000 644, www.ngprague.cz, Di–So 10–18, 1. Mi im Monat bis 20 Uhr

Erzbischöfliches Palais

| Prachtbau |

Den Nordosten des Platzes prägt das Erzbischöfliche Palais (Arcibiskupský palác). 1562 umgestaltet, entstand es aus dem Renaissance-Haus des böhmischen Adeligen Griespek von Griespach. Nach mehreren Umbauten erhielt es um 1764 seine heutige Rokoko-Fassade. Seit über 400 Jahren residieren in dem Palais die Erzbischöfe von Prag.

■ Hradčanské náměstí 16, www.apha.cz

Palais Sternberg

| Prachtbau |

Über einen Durchgang am linken Portal des Erzbischöflichen Palais gelangt man zu der Vierflügelanlage, die Graf Wenzel Adalbert von Sternberg Ende des 17. Jh. errichten ließ. Die prunkvollen Innenräume zieren barocke Deckenfresken und Wandmalereien. Heute führt das Palais Sternberg (Šternberský palác) die Dauerausstellung im gegenüberliegenden Schwarzenberg-Palais fort, unter dem Titel »Alte Meister II«. Im Erdgeschoss ist unter anderem Dürers berühmtes Altarbild »Das Rosenkranzfest« zu sehen.

■ Hradčanské náměstí 15, Tel. 233 090 558, www.ngprague.cz, Di–So 10–18, 1. Mi im Monat bis 20 Uhr, 180 CZK, erm. 100 CZK

St. Johannes Nepomuk

| Kirche |

Der erste Sakralbau von Kilian Ignaz Dientzenhofer ist einer der ersten, die dem hl. Johannes Nepomuk geweiht sind. Er wurde 1728 vollendet, ein Jahr vor Heiligsprechung des böhmischen Priesters und Märtyrers. Die Fresken im Innern zeigen Szenen aus dem Leben Nepomuks. Nach Schließung des

Ursulinenklosters auf dem Hradschin 1784 wurde die Kirche von der kaiserlichen Armee genutzt und diente jahrzehntelang als Salzlager.

■ Kanovnická 72, Tel. 702 000 644, www.kaplani.army.cz, Führungen auf Anfrage

Cafés

Café Šternberk Wer auf dem Hradschin eine Verschnaufpause braucht, sollte hier einkehren. Leckere Törtchen und Snacks, Fairtrade-Kaffee aus eigener Röstung, günstige Mittagsgerichte. Der Garten ist ein verstecktes Juwel.
■ Hradčanské náměstí 57/15, Tel. 703 372 197, www.etincelle.cz, Di–So 10–18 Uhr

14 Nový Svět

Pittoreskes Viertel mit dörflichem Charme

■ Tram 22, 23 (Brusnice oder Pohořelec)

Windschiefe Häuschen, verwinkelte Gassen, holpriges Kopfsteinpflaster: Nur einen Sprung von Burg und Touristenmassen liegt die »Neue Welt« (Nový Svět). Wenn man es nicht besser wüsste, könnte man auch in einem Dorf irgendwo in Böhmen sein. Das Viertel wurde im 14. Jh. gegründet, vor allem Arme lebten hier.

Sehenswert

Prager Loreto

| Kloster |

Mit der Rekatholisierung Anfang des 17. Jh. gewann in Böhmen der Marienkult an Bedeutung. So entstand 1626 in Prag die Loretokapelle, Nachbildung der berühmten Santa Casa im italienischen Loreto. Um die Wallfahrtsstätte herum wurde ein Kapuzinerkloster mit Kirche und Arkaden errichtet. Die prunkvolle Westfassade mit Glockenturm (18. Jh.) stammt von Christoph und Kilian Ignaz Dientzenhofer. Die Schatzkammer des Klosters beherbergt Juwelen und Gemälde von großem kunsthistorischen Wert. Besonders kostbar: die »Prager Sonne«, eine Monstranz mit mehr als 6000 Diamanten.

■ Loretánské náměstí 7, Tel. 220 516 740, www.loreta.cz, tgl. 10–17 Uhr, 210 CZK, erm. 160 CZK, Audioguide 150 CZK

Palais Czernin

| Prachtbau |

Fast kolossal wirkt das Palais Czernin (Černínský palác) gegenüber der Loretokapelle: 29 Halbsäulen gliedern die 150 m lange Fassade des Außenministeriums. Graf Humprecht Johann Czernin von Chudenitz gab ihn 1669 in Auftrag und ging dabei pleite. Präsi-

Nový Svět – in der »Neuen Welt« scheint die Zeit stehen geblieben zu sein

dent Tomáš Garrigue Masaryk ließ ihn 1928 als Außenministerium restaurieren. Während der deutschen Besetzung residierte hier der stellvertretende Reichsprotektor Reinhard Heydrich (S. 119). Im März 1948 kam es im Palais zum dritten Prager Fenstersturz, dem der damalige Außenminister Jan Masaryk zum Opfer fiel (S. 82).

■ Loretánské náměstí 5

15 Kloster Strahov
Strahovský klášter

Ehemaliges Prämonstratenserkloster mit prächtiger Bibliothek

■ Tram 22, 23 (Pohořelec)
■ Strahovské nádvoří 1, Tel. 233 107 704, www.strahovskyklaster.cz
■ Bibliothek: tgl. 9–12, 12.30–17 Uhr, 150 CZK, erm. 80 CZK
■ Gemäldegalerie: tgl. 9–12, 12.30–17 Uhr, 150 CZK, erm. 80 CZK

Kloster Strahov, Kirche Mariä Himmelfahrt mit spätbarocker Ausstattung

Westlich des Hradschiner Platzes, wo einst Wachposten die Burg beschützten, entstand im Mittelalter ein einzigartiger Ort, an dem Glaube und Wissen aufeinandertrafen. Vladislav II. gründete 1140 das Prämonstratenserkloster. Bei der Christianisierung Böhmens fiel dem Orden eine wichtige Rolle zu. Vom romanischen Klosterbau ist heute wenig übrig. Nach dem Dreißigjährigen Krieg wurde er im Stil des Barock ausgebaut. Das Herzstück des Klosters bildet die Bibliothek mit ihren beeindruckenden Deckenfresken. Sie beherbergt neben Tausenden Büchern zahlreiche Handschriften, Stiche und Landkarten. Zu den größten Schätzen gehört das »Evangeliar von Strahov«, eine Handschrift aus dem 9. Jh. Im Theologischen Saal lagern geistliche Werke, historische Globen und reicher Stuck schmücken den Raum. Regelrecht überwältigend wirkt der Philosophische Saal, in dem die edlen Nussbaumregale voller Bücher bis unter die Decke reichen. Überspannt werden sie von einem monumentalen Deckengemälde.

Restaurants

€€ | Klosterbrauerei Seit Jahrhunderten wird im Kloster Strahov das Bier »Svatý Norbert« gebraut, benannt nach dem Prämonstratenser-Ordensstifter Norbert von Xanten. ■ Strahovské nádvoří 10, Tel. 734 852 382, www.klasterni-pivovar.cz

16 Petřín

Aussichtspunkt und Ruheoase Laurenziberg

■ Tram 9, 12, 15, 20, 22 (Újezd); dann Standseilbahn

Petřín (Laurenziberg) – grüne Oase mit wunderbarem Ausblick

Zu Fuß oder mit der Standseilbahn – viele Wege führen hinauf zum Petřín (Laurenziberg). Oben angekommen, wird der Besucher mit einem herrlichen Blick über Stadt und Moldautal belohnt. Etwa 320 m erhebt sich der Hügel über der Kleinseite. Mit seinen Grünanlagen und verschlungenen Wegen ist er für viele eine Oase der Ruhe inmitten des Großstadtlärms. Ihren deutschen Namen verdankt die Erhebung der Kapelle des hl. Laurentius, die auf dem Gipfel an die Hungermauer anschließt. Vom romanischen Ursprungsbau ist heute jedoch nichts mehr zu sehen, er wurde später barock umgestaltet.

Sehenswert

Aussichtsturm Petřín

| Aussichtsturm |

Viele Touristen zieht die 60 m hohe Stahlkonstruktion an, eine Miniaturausgabe des Pariser Eiffelturms. Sie wurde anlässlich der Industrieausstellung 1891 auf dem Hügel errichtet. Schwindelfreie können 299 Treppenstufen hinaufsteigen, um Prag aus der Vogelperspektive zu genießen. Der benachbarte Pavillon beherbergt ein Spiegellabyrinth. Historisch interessant ist die Hungermauer, deren Reste sich an mehreren Stellen des Petřín finden. Angeblich ließ Karl IV. die Stadtbefestigung auch errichten, um der notleidenden Bevölkerung Arbeit zu geben.

■ Petřínské sady, Tel. 257 320 112, www.petrinska-rozhledna.cz, tgl. Jan.–März 10–18, April, Mai 9–20, Juni–Sept. 9–21, Okt.–Dez. 10–20 Uhr, 220 CZK, erm. 150 CZK

■ Spiegellabyrinth (Zrcadlové bludiště), Tel. 724 911 497, tgl. Okt.–März 10–18, April, Mai, Sept. 9–19, Juni–Aug. 9–20 Uhr, 120 CZK, erm. 80 CZK, Kombiticket (Turm, Labyrinth) 260 CZK, erm. 170 CZK

Krabbelnde Metallbabys von David Černý am Eingang zum Museum Kampa

Denkmal für die Opfer des Kommunismus

| Monument |

Am Fuß des Petřín (Tram-Haltestelle Újezd) erinnern sieben Bronzefiguren (Pomník obětem komunismu) an die Opfer des Kommunismus. Auf einer Treppe stehend, lösen sie sich mit zunehmender Entfernung vom Betrachter auf, verlieren Beine und Arme. Ein Bronzestreifen zwischen den Skulpturen zeigt die geschätzte Zahl der während des kommunistischen Regimes Getöteten und Verhafteten.

Verkehrsmittel

Die **Standseilbahn** auf den Laurenziberg schließt in der Station Újezd an die Straßenbahn an und führt über die Strecke Újezd – Nebozízek – Petřín. Es gelten die Tickets der Verkehrsbetriebe.

Restaurants

€€ | **Petřínské terasy** Nicht nur bei Hochzeitsgesellschaften beliebt: Hier serviert man böhmische und internationale Gerichte vor einem traumhaften Panorama. ■ Petřínské sady 393, Tel. 257 320 688, www.petrinsketerasy.cz

17 Kampa

Moldauinsel mit einem sehenswerten Museum für moderne Kunst

■ Tram 12, 15, 20, 22 (Hellichova)

Die idyllische Halbinsel ist ein beliebter Ort für Picknick oder Spaziergang. Ein künstlicher Moldauarm – der »Teufelsbach« (Čertovka) – trennt sie von der Kleinseite. Wassermühlen versprühen ländlichen Charme. Im nördlichen Zipfel der Insel schlängelt sich der Bach zwischen einer Gruppe alter Häuser durch, dem sog. Prager Venedig (Pražské Benátky). Den Mittelpunkt der Halbinsel bildet der von Bäumen und kleinen Bürgerhäusern gesäumte Platz Na Kampě. Früher boten hier Handwerker ihre Waren an, heute locken regelmäßig Marktbuden mit Köstlichkeiten und Souvenirs.

Sehenswert

Museum Kampa

| Kunstsammlung |

Bedeutende Privatkollektion eines Sammlerpaars im US-Exil

In einer umgebauten Mühle sind Werke bedeutender Künstler der Moderne wie František Kupka und Otto Gutfreund zu sehen. Bilder und Skulpturen stammen aus dem Besitz des Sammler-Ehepaares Meda Mládková und Jan Mládek. Sehenswert sind auch die wechselnden Ausstellungen, die oft Werke aus der Zeit des Kommunismus beleuchten. Am Eingang des Museums

ADAC Wussten Sie schon?

Am Velkopřevorské náměstí, nur einen Katzensprung von der Kampa-Insel entfernt, verdankt die **John-Lennon-Mauer** ihren Ruhm den von Lennon-Texten inspirierten Graffiti aus den 1980ern. Dem Regime war sie ein Dorn im Auge, da Bürger darauf ihren Unmut niederschrieben. Im November 2014 strichen Kunststudenten die Mauer weiß. Mittlerweile ist sie wieder mit Graffiti überzogen, die an den Beatles-Sänger erinnern, mit Liebesschwüren und Parolen.

Gefällt Ihnen das?

David Černý, das Enfant terrible der tschechischen Kunstszene, hat in Prag seine Spuren hinterlassen. Etwa mit den gesichtslosen **Metallbabys** vor dem Museum Kampa oder am Fernsehturm in Žižkov (S. 89), den **pinkelnden Männern** vor dem Franz Kafka Museum (unten) oder der Franz-Kafka-Statue **»K.«** im Innenhof des Quadrio (S. 76).

krabbeln riesige Babys von David Černý über den Fußweg.

■ U Sovových mlýnů 2, www.museumkampa.cz, Tel. 257 286 147, tgl. 10–18 Uhr, 360 CZK, erm. 240 CZK, Dauerausstellung: 190 CZK, erm. 100 CZK

Cafés

Kavárna Mlýnská Zufluchtsort vor Touristenströmen, erreichbar über eine kleine Brücke von der Kampa-Insel über den Teufelsbach. Die Bar entwarf David Černý. Liebhaber dürften von der großen Auswahl an Weinen überrascht sein. ■ Všehrdova 14, Tel. 257 313 222

18 Franz Kafka Museum

Interaktive Ausstellung zum Leben des deutschsprachigen Schriftstellers

■ Metro A, Tram 2, 12, 15, 18, 20, 22 (Malostranská)

■ Cihelná 2b, Tel. 257 535 373, www.kafkamuseum.cz, tgl. 10–18 Uhr, 300 CZK, erm. 220 CZK

Franz Kafka und Prag – ein besonderes Kapitel. Kaum ein Schriftstellerleben

Im Blickpunkt

Kafka und der Prager Kreis

Als Prager Kreis – der Begriff geht auf Max Brod zurück – bezeichnet man eine Gruppe deutschsprachiger Schriftsteller um die Jahrhundertwende, darunter Franz Kafka, Felix Weltsch, Oskar Baum, Ludwig Winder und Brod selbst. In enger Verbindung mit ihnen standen Autoren wie Franz Werfel, Rainer Maria Rilke und Johannes Urzidil, die Brod zum »weiteren Prager Kreis« zählte. All diese Prager Autoren meist jüdischer Abstammung verfassten ihre Werke auf Deutsch, beherrschten aber auch die tschechische Sprache. Ihre Werke entstanden zwischen 1900 und 1938.

ist so eng mit der Stadt verbunden. Wer in Leben und Werk des Autors eintauchen will, dem sei ein Besuch des Museums empfohlen. Wie prägte Prag Kafkas Schaffen, wie fühlte es sich zu seinen Lebzeiten an, und welche Rolle spielten für ihn die Frauen? Dies erfährt man in der multimedialen Ausstellung – mit Erstausgaben, Tagebüchern, Briefen, Fotos und Zeichnungen. Vor dem Museum provoziert die Skulptur »Piss« von David Černý: Zwei nackte Bronzemänner pinkeln in ein Becken, das nach dem Umriss der Tschechischen Republik geformt ist.

Einkaufen

Shakespeare & Sons Große Auswahl englischsprachiger Bücher, gebraucht und neu. Auch Werke in Französisch, Deutsch und Spanisch. Im Café finden regelmäßig Lesungen statt. ■ U Lužického semináře 10, Tel. 257 531 894, www.shakes.cz, tgl. 11–19 Uhr

19 Kleinseitner Ring
Malostranské náměstí

Schmucke Barockbauten säumen den einstigen Marktplatz

■ Metro A (Malostranská); Tram 12, 15, 20, 22 (Malostranské náměstí)

Seit Gründung der Kleinseite (Malá Strana) als eigenständige Stadt 1257 fiel dem Kleinseitner Ring eine besondere Rolle zu. Im politischen und wirtschaftlichen Zentrum unterhalb der Prager Burg spielte sich das Leben des Viertels ab. Den Marktplatz aus dem Mittelalter prägen heute prächtige Barockbauten.

Sehenswert

St. Nikolaus

| Kirche |

Das prunkvolle Gotteshaus (Kostel sv. Mikuláše) und das angeschlossene einstige Jesuitenkolleg teilen den Platz in zwei Abschnitte – den Oberen und den Unteren Ring. Der Grundstein zum Vorgängerbau, einer gotischen Pfarrkirche, wurde bereits im Jahr 1283 gelegt. Die Jesuiten ließen ihn von 1703 bis 1755 im Stil des Barock ausbauen: Drei Generationen renommierter Architekten schufen einen der bedeutendsten Barockbauten Europas. Christoph Dientzenhofer gestaltete das Hauptschiff mit Seitenkapellen und Gewölbe, sein Sohn Kilian Ignaz den Chor mit der 75 m hohen, mächtigen Kuppel. Den Glockenturm vollendete Anselmo Lurago. Mit seinem imposanten Deckengemälde, dem Skulpturenschmuck und den Fresken gehört die Kirche zu den Paradebeispielen des Hochbarock. Vom Glockenturm aus hat man eine beeindruckende Sicht auf die Dächer der Kleinseite.

■ Malostranské náměstí, Tel. 257 534 215, www.stnicholas.cz, tgl. 9–17, Jan. 9–16 Uhr, 130 CZK, erm. 70 CZK

■ Klassische Konzerte: April–Okt. Fr, Sa 18 Uhr

Malostranská beseda

| Kulturzentrum |

Unter den Gebäuden ragt am nordöstlichen Ende des Kleinseitner Rings eines heraus: die Malostranská beseda. Der imposante Renaissance-Bau diente früher als Rathaus. An der Fassade erinnert eine Gedenktafel an das Jahr 1575, als hier das sog. Böhmische Bekenntnis entworfen wurde, Grundlage für die Verhandlungen zur Religionsfreiheit im Königreich Böhmen. Heute beherbergt das Gebäude ein Restaurant, ein Café und einen Musikclub, in dem fast täglich einheimische Künstler auftreten.

■ Malostranské náměstí 21, Tel. 257 409 112, www.malostranska-beseda.cz, tgl. 11–23 Uhr (Restaurant), Mo–Fr 16–1, Sa, So 15–23 Uhr (Bar)

Vrtba-Garten

| Park |

Der schönste Barockgarten der Stadt

Wer dem unscheinbaren Zugang in der Karmelitergasse 25 folgt, ist überwältigt: Hinter den Fassaden verbirgt sich einer der bedeutendsten Barockgärten (Vrtbovská zahrada) nördlich der Alpen. Burggraf Jan Josef Vrtba ließ ihn Anfang des 18. Jh. am unteren Hang des Petřín anlegen. Mit herrlichen Ter-

Kleinseitner Ring, Zentrum des historischen Viertels unterhalb der Burg

Das hochverehrte Prager Jesulein in St. Maria vom Siege

rassen, zahlreichen Barockskulpturen und dem Wasser speienden Drachen erweist er sich als einzigartiges Juwel. Die Aussicht auf Prag ist beeindruckend.

■ Zugang über Karmelitská 25, Tel. 272 088 350, www.vrtbovska.cz, April–Okt. 10–19 Uhr, 120 CZK, erm. 95 CZK

Palais Lobkowitz

| Prachtbau |

Der barocke Bau (nicht zu verwechseln mit dem gleichnamigen Palais in der Burg) wurde Anfang des 18. Jh. errichtet. Das Wappen im Giebel erinnert an die ehemaligen Besitzer, die Familie Lobkowitz. Seit 1974 dient das Palais als Sitz der Deutschen Botschaft. Im Oktober 1989 schrieb es Geschichte: Tausende Bürger der DDR ersuchten in seinem Garten um Aufnahme in der BRD. Ein Trabi auf vier Beinen – eine Skulptur von David Černý – erinnert heute an das Ereignis, das in den Medien um die Welt ging. Palais und Garten sind nicht öffentlich zugänglich.

■ Vlašská 19

St. Maria vom Siege

| Kirche |

Das älteste barocke Gotteshaus (Kostel Panny Marie Vítězné), erbaut 1611, beherbergt das von vielen Katholiken verehrte Prager Jesulein, eine 47 cm hohe Figur, der zahlreiche Wundertaten nachgesagt werden, in einem silbernen Schrein auf dem rechten Seitenaltar. Die Gewänder wechseln mit den Festzeiten des Kirchenjahrs. Das wertvollste, mit Diamanten und Perlen besetzt, soll Maria Theresia selbst bestickt haben.

■ Karmelitská 9, Tel. 257 533 646, www.pragjesu.cz, Mo–Sa 8.30–18, So 8.30–19 Uhr

20 Neruda-Gasse
Nerudova

Eine der malerischsten historischen Gassen Prags

■ Metro A (Malostranská); Tram 12, 15, 20, 22 (Malostranské náměstí)

Als schönste Gasse Prags bezeichnen viele die Nerudova. Wer hier aufmerksam an den bunten Häusern entlanggeht, entdeckt kunstvolle Reliefs und Bilder über deren Türen. Sie erzählen vom Handwerk ihrer einstigen Bewohner. So lebte im »Haus zu den Drei Geigen« ein Violinenbauer, ein Goldschmied dagegen im Haus »Zum Goldenen Kelch«. Im Haus »Zu den Zwei

Sonnen« kam der Schriftsteller Jan Neruda zur Welt, der die Gasse in seinen »Kleinseitner Geschichten« literarisch verewigte. Heute trägt sie deshalb seinen Namen. Im 14. und 15. Jh. hieß sie Spornergasse und bildete einen Abschnitt des Königswegs, den die böhmischen Herrscher am Tag ihrer Krönung zum Veitsdom hinaufschritten.

Sehenswert

Museum Montanelli

| Galerie |

Das Privatmuseum stellt überwiegend Werke zeitgenössischer tschechischer und internationaler Künstler aus.

■ Nerudova 13, Tel. 257 531 220, www.museummontanelli.com, Mi–So 14–18 Uhr, 100 CZK, erm. 50 CZK, Eintritt frei ab 65 J.

Restaurants

€€ | U sedmi Švábů Im rustikalen Lokal »Bei den Sieben Schwaben« mit Mittelalter-Flair kocht man nach Rezepten des 15. und 16. Jh., etwa Hirsepuffer mit Sauerkraut und Röstzwiebeln. ■ Nerudova 31, Eingang Jánský vršek 14, Tel. 257 531 455, www.7svabu.cz

21 Palais Waldstein
Valdštejnský palác

Erstes Prager Barockpalais mit Ableger der Nationalgalerie

■ Metro A (Malostranská); Tram 2, 12, 15, 18, 20, 22 (Malostranská)

Im größten Palais Prags sitzt der Senat des tschechischen Parlaments, Besucher können es nur am Wochenende betreten. Der berühmte böhmische Feldherr Wallenstein (eigtl. von Waldstein) gab es in Auftrag und ließ dafür 23 Häuser abreißen. Mit der monumentalen Anlage entstand während des Dreißigjährigen Kriegs das erste profane Barockpalais in Prag. Zum Klarov-Platz hin begrenzt die Reitschule (Valdštejnská jízdárna) den streng geometrischen frühbarocken Garten. Wallensteins früherer Pferdestall gehört heute zur Nationalgalerie und präsentiert regelmäßig sehenswerte Ausstellungen.

■ Palais Waldstein, Valdštejnské náměstí 4, Tel. 257 071 111, www.senat.cz, April–Okt. Sa 9–16 Uhr, Eintritt frei

■ Valdštejnská zahrada (Garten), Letenská, Tel. 257 075 707, April–Okt. Mo–Fr 7–19, Sa, So 9–19 Uhr, Eintritt frei

■ Valdštejnská jízdárna (Reitschule), Valdštejnská 3, Tel. 257 073 136, www.ngprague.cz, Di–So 10–18 Uhr (1. Mi im Monat bis 20 Uhr)

In der pittoresken Nerudova wurde Jan Neruda geboren

Am Abend

Hradschin und Kleinseite gehören nicht gerade zu den Ecken, in denen man in Kneipen und Clubs die Nacht zum Tage macht. Viel schöner ist es, diesen Teil der Stadt abends zu Fuß zu entdecken. Über die Kampa-Insel spazieren, durch enge Gassen schlendern und hinauf zur Burg, wenn die Touristen verschwunden sind – das macht den Reiz des Viertels aus. Wie überall in Prag gibt es zahlreiche Lokale, die zu einem edlen Tropfen oder einem frisch gezapften Bier einladen.

Konzerte

U Malého Glena. Einer der bekanntesten Jazzclubs der Stadt. Im Erdgeschoss befindet sich eine gemütliche Bar, eine Treppe weiter hinunter der Musikkeller. Täglich Konzerte, von Jazz und Blues bis zu Funk und R'n'B. ■ Karmelitská 23, Tel. 257 531 717, www.malyglen.cz, Mo–Do 12–24, Fr–So 12–2 Uhr (Konzerte ab 21 Uhr), Tram 12, 20, 22, 97 (Malostranské náměstí)

Kneipen, Bars und Clubs

Klub Újezd Freunde lauter Rockmusik kommen hier auf ihre Kosten. Auf drei Etagen versammelt sich täglich ein gemischtes, überwiegend junges und alternatives Publikum. An den Wänden hängen Bilder einheimischer Künstler. ■ Újezd 18, Tel. 736 751 011, www.klubujezd.cz, tgl. 15–4 Uhr, Tram 9, 12, 15, 20, 22, 97-99 (Újezd)

Míšeňská Hippe Cafébar mit schönem Innenhof, im Kellergewölbe hin und wieder Konzerte. ■ Míšeňská 3, Tel. 722 659 139, tgl. 10–22 Uhr, Tram 12, 20, 22, 97 (Malostranské náměstí)

U Hrocha Eine der letzten ursprünglichen Kneipen auf der Kleinseite. Hier treffen sich viele Prager auf ein Feierabendbier – entsprechend laut ist es. Die Kleinigkeiten, die zum Bier angeboten werden, stehen auf einer Tafel. ■ Thunovská 10, Tel. 257 533 389, tgl. 12–23.30 Uhr, Tram 12, 20, 22, 97 (Malostranské náměstí)

U Glaubicû Traditionelles Wirtshaus am Kleinseitner Ring. Auch bei Pragern beliebt, vor allem wegen des guten und für diese Lage überraschend günstigen Pilsners. ■ Malostranské náměstí 5, Tel. 257 532 027, www.uglaubicu.com, tgl. 10.30–23 Uhr, Tram 12, 20, 22, 97 (Malostranské náměstí)

ADAC Mittendrin

Die meisten Prag-Besucher, die auf der Burg waren, laufen an der rustikalen Kneipe **U Černého vola** (Tram 22/23: Pohořelec) vorbei. Man passiert den Loretoplatz Nr. 1 in der Regel viel zu schnell, wenn man nicht auf das Schild mit dem »Schwarzen Ochsen« achtet. Hinter der barocken Fassade versteckt sich seit 1965 ein uriges Lokal mit meist einheimischem Publikum (eine erste Schenke wird bereits 1726 erwähnt). Hier gibt es helles und dunkles Kozel vom Fass und einfache Gerichte zu einem für die Lage erstaunlich günstigen Preis.

Übernachten

Wer sich nach Großstadtromantik mit historischem Flair sehnt, der ist in dem Viertel unterhalb der Burg richtig. Eine Nacht mit dieser wunderschönen Kulisse hat allerdings auch ihren Preis. Will man nicht allzu viel Geld ausgeben, stellen Hostels eine gute Alternative dar, die allerdings auch weniger Privatsphäre bieten.

€

Apartmány U Zlatého Pluhu Schlichte Drei-Sterne-Apartments für ein bis sieben Personen in romantischer Lage in Nový Svět. Auch für Familien geeignet. Selbstverpflegung. ■ Nový Svět 23, Tel. 775 988 842, www.u-zlateho-pluhu.cz

€€

Miss Sophie's Charles Bridge Wer es gern privat mag, ist hier an der richtigen Adresse. Das kleine Hotel in dem geschichtsträchtigen Rokoko-Gebäude verfügt über drei gemütliche Apartments für bis zu sechs Gäste. Das Frühstück wird auf dem Flur angerichtet, mit seinem gefüllten Teller zieht man sich dann auf das Zimmer zurück. ■ Malostranské náměstí 28, Tel. 210 011 500, www.miss-sophies.com

Hotel Waldstein Hochherrschaftliche Räume, reichhaltiges Frühstück im Kellergewölbe, toller Blick auf den Wallensteingarten. ■ Valdštejnské náměstí 6, Tel. 222 929 390, www.hotelwaldstein.cz

€€€

The Augustine Luxushotel in einer ehemaligen Klosteranlage, zehn Minuten zu Fuß von der Karlsbrücke entfernt. Mit Spa- und Fitnessbereich. ■ Letenská 12, Tel. 266 112 233, www.augustinehotel.com

The Augustine – keine Spur mehr vom kargen Klosterleben

Nové Město – Repräsentative Neustadt

Das geschäftigste Viertel Prags mit langer Geschichte verströmt einen Hauch von Weltstadt

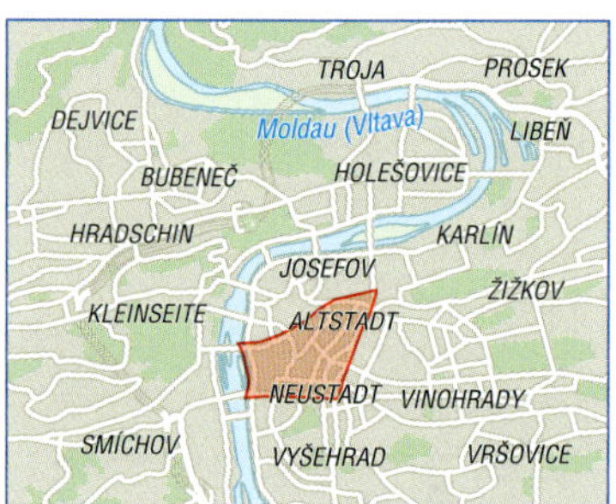

Die Neustadt ist das kommerzielle Zentrum der tschechischen Hauptstadt. Der Wenzelsplatz bildet das Herz des Viertels, das sich nordöstlich und südwestlich davon zur Moldau hin erstreckt. Doch der Name täuscht: Die »Neustadt« wurde bereits 1348 von Karl IV. (S. 114) gegründet, um seine zukünftige Kaiserstadt großzügig zu erweitern. Im 19. Jh. mussten die ursprünglich niedrigen Bebauungen aus dem Mittelalter repräsentativen Gründerzeit-Projekten weichen. Später kamen Gebäude des Jugendstils, des Funktionalismus und des Sozialistischen Realismus hinzu. Erst nach der politischen Wende 1989 ergänzten auch moderne Glaspaläste das heterogene Erscheinungsbild. Zu dem internationalen Charakter dieses Viertels tragen nicht zuletzt viele gut verdienende Ausländer bei, die die erhöhten Preise in den schicken Cafés und Restaurants nur mit einem müden Lächeln quittieren.

In diesem Kapitel:

ADAC Top Tipps:

6 **Passage Lucerna**
| Einkaufsgalerie |
Pompöse Jugendstil-Ladenpassage mit Kino, Musikclub und sympathischen kleinen Läden. 69

ADAC Empfehlungen:

11 **Rašín-Kai**
| Uferpromenade |
Im Sommer die neue Ausgehmeile mit Bauernmarkt. 80

12 **St. Kyrill und Method**
| Kirche |
Symbolstätte des Widerstands gegen die Nazis. 81

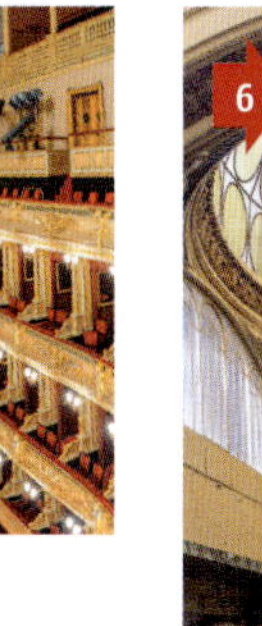

Mosaic House

| Hotel |

Modern und individuell eingerichtete Zimmer und eine Terrasse mit tollem Ausblick machen das Hotel zu einem echten Geheimtipp im Zentrum. 85

22 Wenzelsplatz (Václavské náměstí)

Das pulsierende Zentrum der Neustadt

Wenzelsplatz (Václavské náměstí) mit Reiterstatue des heiligen Wenzel

Information

- Metro A/B (Můstek); Metro A/C (Muzeum); Tram 3, 5, 6, 9, 14, 24, 91, 92, 94, 96, 98 (Václavské náměstí)
- Visitor Centre Na Můstku, Rytířská 12, Tel. 221 714 714, tgl. 9–19 Uhr, www.prague.eu/en/tic
- Parken: siehe S. 70

Der Wenzelsplatz bildet den städtebaulichen Kontrast zur engen Altstadt. Der einst schmucklose Rossmarkt wurde Mitte des 19. Jh. zum neuen Zentrum der Stadt. Geschäftspassagen, Designerläden und Kultureinrichtungen reihen sich an Nachtclubs, Casinos und Fast-Food-Restaurants. Und mittendrin pendelt die Straßenbahn im Minutentakt. Der untere Teil ist inzwischen eine Fußgängerzone. Der Wenzelsplatz ist Prager Stolz und Unort. Er ist laut, hektisch, bunt und faszinierend zugleich. Als schön würden ihn wohl nur die wenigsten bezeichnen.

Nationalmuseum

| Museum |

Am oberen Ende des Wenzelsplatzes thront das Nationalmuseum (Národní muzeum). Der kolossale Neorenaissance-Bau ersetzte Ende des 19. Jh. Teile der Stadtmauer samt Rosstor. Die Pläne stammten wie schon beim Ru-

Plan S. 69

dolfinum von Josef Schulz. Der Architekt konzipierte ein Gebäude der Superlative, um der Größe des Wenzelsplatzes gerecht zu werden. Eindrucksvoll ist der Eingangsbereich mit Treppenaufgang, Vestibül und dem überkuppelten Pantheon mit Wandmalereien und Statuen zur böhmischen Geschichte. Der 104 m lange Bau beherbergt das Naturhistorische Museum. Auf dem Vorplatz erinnert ein Metallkreuz im Pflaster an die Selbstverbrennungen der Studenten Jan Palach und Jan Zajíc im Jahr 1969.

■ Metro A/C, Tram 11, 13 (Muzeum)

■ Václavské náměstí 68, www.nm.cz, tgl. 10–18 Uhr, 280 CZK, erm. 180 CZK

b Ehemaliges Parlamentsgebäude

| Museum |

Größer könnte der Kontrast kaum sein: Neben dem Nationalmuseum als Monument großbürgerlichen Vaterlandsstolzes steht das futuristisch-nüchterne ehem. Parlamentsgebäude der Nationalversammlung der ČSSR. Der 1973 fertiggestellte, konstruktivistische Betonklotz von Karel Prager schloss das einstige Börsenhaus aus den 1930er-Jahren mit ein. Nach 1989 bezogen es Journalisten von Radio Free Europe. 2009 übernahm das Nationalmuseum das Objekt. Durch einen Tunnel zum Nachbargebäude ist ein einzigartiger Museumskomplex entstanden. Eine Dauerausstellung zeichnet die tschechische Geschichte des 20. Jh. nach.

c Staatsoper

| Opernhaus |

Am 5. Januar 1888 eröffnete das Neue Deutsche Theater mit Richard Wagners »Meistersingern«. Der Neorenaissance-Bau wurde mit Spenden deutschsprachiger Prager finanziert – eine Reaktion auf das 1883 eingeweihte Nationaltheater an der Moldau (S. 76), in dem überwiegend Stücke in tschechischer Sprache aufgeführt wurden. Heute ist die Staatsoper (Státní opera Praha) Prags drittgrößte Bühne und Teil des Nationaltheaters. Seit der Restaurierung Anfang 2020 erstrahlt das Gebäude in neuem Glanz.

■ Metro A/C, Tram 11, 13 (Muzeum); Metro C (Hlavní nádraží)

■ Wilsonova 4, Tel. 224 901 448, www.narodni-divadlo.cz

Passage Lucerna: David Černýs eigenwillige Version der Wenzel-Reiterstatue

d Reiterstatue des hl. Wenzel

| Denkmal |

Hoch zu Ross, mit Harnisch und Lanze überblickt der hl. Wenzel (Václav) den ihm zu Füßen liegenden Platz. Der Prager Bildhauer Josef Myslbek arbeitete fast drei Jahrzehnte an dem Werk, ehe es 1912 eingeweiht wurde. Wenzel wurde 929 oder 935 (die Geschichtsschreibung ist unklar) von seinem Bruder ermordet. Kurze Zeit später folgten Heiligsprechung und Aufstieg zum Landespatron. »Beim Pferd«, wie es im Volksmund heißt, fanden 1968 heftige Proteste gegen den Einmarsch der Truppen des Warschauer Paktes statt, die in der Selbstverbrennung des Studenten Jan Palach gipfelten. Im Herbst 1989 versammelten sich rund 200 000 Demonstranten unter Wenzels wachsamen Augen, um das Ende der kommunistischen Herrschaft durch das Klingeln ihrer Schlüsselbünde einzuläuten. Die geschichtsträchtige Stelle wird heute noch als Versammlungsort genutzt.

■ Metro A/C, Tram 11, 13 (Muzeum)

e Palais Koruna

| Prachtbau |

Den Wenzelsplatz säumen pompöse Häuser aus allen Bauphasen der vergangenen 120 Jahre. Die neueren Datums verdienen kaum Aufmerksamkeit. Zwei in ihrer Art sehr unterschiedliche Jugendstil-Gebäude ragen jedoch heraus. Das Palais Koruna von 1911/12 steht am unteren Ende des Platzes. Das Eckhaus (heute Einkaufszentrum) besticht durch schlichte Eleganz und nimmt Elemente des Funktionalismus vorweg. Seinen Namen hat es von der Krone, die das Dach ziert.

■ Václavské náměstí 1, www.koruna-palace.cz

Grand Hotel Evropa

| Architektur |

Auf der gleichen Seite des Platzes beeindruckt das Grand Hotel Evropa mit einer deutlich verspielteren Fassade. Der Neorenaissance-Bau aus den 1880er-Jahren wurde Anfang des 20. Jh. im Jugendstil umgebaut.

■ Václavské náměstí 25

Passage Lucerna

| Einkaufsgalerie |

Jugendstil-Passage mit legendären Musikclubs, Läden und Cafés

Ladenpassagen ziehen normalerweise eher Shopping-Fans an. Dieses Labyrinth aus Musikclubs, Theater, Kino, Galerien, Cafés und Boutiquen zwischen den Straßen Vodičkova und Štěpánská vermag auch kunsthistorisch zu faszinieren. Der Palác Lucerna samt Passage (Pasáž Lucerna) wurde 1907–1911 von Václav Havel, Großvater des Ex-Präsidenten, als Kulturkomplex und erster Stahlbetonbau der Stadt geplant. Jugendstilelemente wie beim Treppenaufgang zu Kino und Galerie, Marmorverkleidung und orientalischer Dekor verleihen der Passage etwas Geheimnisvolles. Im ehrwürdigen Kino Lucerna (S. 84) finden Filmvorführungen in Originalfassung und mit englischen Untertiteln sowie im Oktober ein Festival deutschsprachiger Filme (S. 126) statt. Im großen Festsaal und in der Lucerna Music Bar (S. 83) spielen internationale Bands von Rang. Von der zentralen Kuppel hängt David Černýs Version der Statue des hl. Wenzel: Der Fürst sitzt hier seit 1999 auf dem Bauch seines kopfüber hängenden Pferdes.

Einen tollen Ausblick auf die Innenstadt erhält man vom Dach der Lucerna. Mit dem Paternoster geht es nach oben. Die Bar Střecha Lucerny sorgt für Erfrischung und Konzerte.

22a – 22h Wenzelsplatz

■ Pasáž Lucerna, Štěpánská 61/Vodičkova 36, www.lucerna.cz
■ Střecha Lucerny, www.strechalucerny.cz, Mai–Okt. Fr–So 16 Uhr bis Sonnenuntergang, 150 CZK

Passage Světozor

| Einkaufsgalerie |

Gegenüber dem Palast Lucerna liegt der Eingang zur Světozor-Passage (Pasáž Světozor) mit gleichnamigem Programmkino (S. 84). Ein riesiges Buntglasfenster als Werbung für die ehemalige sozialistische Radioherstellerfirma Tesla taucht den Durchgang zum idyllischen Franziskaner-Garten (Františkánská zahrada) in ein besonderes Licht. In der kleinen Parkanlage, die an ihrem anderen Ende auf den Jungmann-Platz führt, herrscht auf einen Schlag Ruhe. Wer unter dem Mosaik nach rechts abbiegt, gelangt in die Passage des Hauses U Stýblů und zurück auf den Wenzelsplatz.
■ Vodičkova 39

ADAC Wussten Sie schon?

Prag ist für seine vielseitige Jazz-Szene bekannt. Im **Reduta Jazz Club** (S. 83) traten schon zu Zeiten des Sozialismus berühmte tschechoslowakische Interpreten auf. Jeweils im Herbst findet an unterschiedlichen Orten das hochklassige **Mladí ladí fest** (www.mladiladijazz.cz) statt. Im Reduta spielte übrigens Bill Clinton sein legendäres Saxophon-Ständchen vor Gastgeber Václav Havel. Zu dem Dutzend toller Jazzclubs der Innenstadt zählen der **AgharTA Jazz Club** (S. 41) und das **Jazz Dock** (www.jazzdock.cz).

Parken

Zwischen Oper und Hauptbahnhof befindet sich mit dem **Eltodo Parking Centrum** eines der größten Parkhäuser der Innenstadt mit direktem Anschluss zur zentralen Nord-Süd-Achse. ■ Wilsonova 6, Tel. 226 288 388, 60 CZK/Std., 800 CZK/Tag, Plan S. 69 c2

Kinder

Kindermuseum Im Sommer 2023 eröffnete das Nationalmuseum eine Dauerausstellung, an der vor allem die jüngsten Besucher ihren Spaß haben. Im Kindermuseum (Dětské muzeum) sind Kreativität und Vorstellungskraft gefragt. Die Entdeckungsreise durch zehn Themengebiete wie »Bewegung«, »Sinne« oder »Entwicklung« dauert etwa eine Stunde und ist für Kinder ab 4 Jahren geeignet. ■ Vinohradská 1, Tel. 224 497 111, www.nm.cz, ab 10.15, 12.15, 14.15, 16.15 Uhr Einlass für jeweils 90 Min., 120 CZK, Einritt frei für Kinder bis 15 J. im übrigen Nationalmuseum

Cafés

Kavárna Lucerna Typisches Lokal im Stil der Neustädter Kaffeehäuser. Ideal für den kleinen Snack zwischendurch. ■ Pasáž Lucerna, Tel. 224 215 495, kavarna.lucerna.cz, Mo–Fr 11–22, Sa, So 14–22 Uhr, Plan S. 69 b2

Einkaufen

FranSýr Guter Käse- und Weinladen mit französischen Produkten und Sitzgelegenheiten für den Verzehr vor Ort. ■ Pasáž Lucerna, Vodičkova 34, Tel. 774 966 737, www.fransyr.cz, Mo–Fr 10–20, Sa 10–19 Uhr, Plan S. 69 b2

Bar der Kavárna Lucerna in der gleichnamigen Passage

23 Na příkopě
Am Graben

Beliebte und belebte Einkaufsmeile an der Grenze zwischen Alt- und Neustadt

■ Metro A/B (Můstek); Metro B, Tram 6, 8, 15, 26, 91, 94 (Náměstí Republiky)

Vom unteren Ende des Wenzelsplatzes bis hin zum Platz der Republik (Náměstí Republiky) erstreckt sich die Fußgängerzone Am Graben. Ende des 18. Jh. wurde der alte Stadtgraben zugeschüttet und zum breiten Boulevard umgestaltet. Heute bildet dieser das hektischere Gegenstück zur Pariser Straße mit ihren teuren Boutiquen. Hier reihen sich moderne Warenhäuser an Fast-Food-Restaurants und Cafés, wie man sie überall in den Großstädten findet. Dazwischen stehen aber auch einige architektonische Fundstücke, die einen Augenblick der Aufmerksamkeit verdienen.

 **Sehenswert**

Palais Sylva-Tarouca

| Prachtbau |

Schon bevor der Graben als historische Trennlinie von Alt- und Neustadt beseitigt wurde, säumten beide Ufer luxuriöse Stadtresidenzen wohlhabender Adels- und Patrizierfamilien. In seiner ganzen Pracht kann man heute nur noch das Palais Sylva-Tarouca von Kilian Ignaz Dientzenhofer bewundern. Das Gebäude wurde um 1750 nach dessen Plänen umgebaut. Besonders sehenswert ist das Treppenhaus mit seinen üppigen spätbarocken Skulpturen, Stuckaturen und Fresken.

■ Na příkopě 10

Ehemalige Stadtsparkasse

| Architektur |

Der Barockpalast wurde 1894–1896 im Neorenaissance-Stil umgestaltet. Architekt Osvald Polívka nahm für die aufwendige Fassade die Dienste des

Malers Mikoláš Aleš in Anspruch. Das Haus diente seither verschiedenen Kreditinstituten als Hauptsitz, unter anderem der Tschechischen Gewerbebank. Der prunkvoll verzierte Eingangs- und Treppenbereich, ein Höhepunkt künstlerischen Schaffens der böhmischen Belle Époque, ist öffentlich zugänglich.

■ Na příkopě 20, Ecke Nekázanka

Tschechische Nationalbank

| Architektur |

Den eindrucksvollen Abschluss der Einkaufsmeile bildet der monumentale Hauptsitz der Tschechischen Nationalbank (Česká národní banka ČNB), ein Spätwerk des Prager Architekten Bedřich Bendelmayer, der darin Elemente des Neoklassizismus und Funktionalismus vereinte. Die schlichte, gerade Linienführung steht im harten Kontrast zum gegenüberliegenden Gemeindehaus (S. 29) und dessen verspieltem Jugendstil. Das Haus krönt die Skulptur »Genius mit dem böhmischen Löwen« von Antonín Popp, die, bereits 1898 entstanden, zunächst auf dem alten Gebäude der Gewerbebank etwas weiter westlich stand.

■ Na příkopě 28, www.cnb.cz

Einkaufen

Slovanský dům Neben der Nationalbank liegt das »Slawische Haus«, hinter dessen Barockfassade sich ein moderner Kultur- und Konsumpalast mit Multiplex-Kino, Boutiquen und Restaurants verbirgt. ■ Na příkopě 22, Tel. 221 451 292, www.slovanskydum.cz, Mo–Fr 10–20, Sa, So 11–19 Uhr (Geschäfte)

Maurisch inspiriert: Jerusalem- oder Jubiläumssynagoge

24 Jindřišská
Heinrichsgasse

Vom alten Heinrichsturm zum Jugendstil Alfons Muchas

■ Metro A (Muzeum); Tram 3, 5, 6, 9, 14, 24, 91, 94, 95, 96, 98 (Jindřišská)

Die Heinrichsgasse bildet die Verbindung zwischen Wenzelsplatz und Heumarkt (Senovážné náměstí). Ihren Namen verdankt sie Kaiser Heinrich II., der den slawischen Přemysliden im 11. Jh. zur Festigung ihrer Macht in Böhmen verhalf. Die Jindřišská und die Straßenzüge herum gehören nicht gerade zu den schönsten Gegenden der Innenstadt. Trotzdem lohnt sich ein Spaziergang zum gotischen Heinrichsturm (Jindřišská věž), von dessen Galerie man einen schönen Blick über die östliche Neustadt genießt. Ein kurzer Halt empfiehlt sich u. a. in der Hauptpost (Nr. 14). Ein überdachter Innenhof dient als prachtvoller Schalterraum mit Jugendstil-Wandmalereien.

Sehenswert

St. Heinrich und Kunigunde

| Kirche |

Das gotische Gotteshaus (Kostel svatého Jindřicha a svaté Kunhuty) wurde 1350 von Karl IV. gestiftet und dem heilig gesprochenen Heinrich II. und dessen Gattin Kunigunde geweiht. Im Innern erfolgte im 17. Jh. eine Barockisierung. Dekorativer Höhepunkt ist das Altargemälde mit Darstellung des Kaiserpaars. Im Dezember 1875 wurde hier Rainer Maria Rilke getauft. Rilkes Geburtshaus steht nur wenige Meter entfernt in der Jindřišská 17.

■ Jindřišská 30

Mucha Museum

| Galerie |

In einer Seitenstraße der Heinrichsgasse Richtung Na příkopě ist das Mucha Museum Heimat einer umfangreichen Schau zu Leben und Werk des böhmischen Jugendstil-Künstlers Alfons Mucha (1860–1939). Das alte Barockgebäude des Palais Kaunitz (Kaunický palác), im klassizistischen Stil umgebaut, bietet den idealen Resonanzraum für dessen dekorative Bilderzyklen, Poster und Gemälde.

■ Panská 7, Tel. 224 216 415, www.mucha.cz, tgl. 10–18 Uhr, 350 CZK, erm. 280 CZK

Jerusalemsynagoge

| Gotteshaus |

Wenige Schritte von St. Heinrich und Kunigunde bietet die Jerusalem- oder Jubiläumssynagoge (Jeruzalémská/Jubilejní synagoga) fast 900 Gläubigen Platz. Der größte jüdische Tempel Prags wurde Anfang des 20. Jh. von Wilhelm Stiassny im pseudomaurischen Stil erbaut und erhielt seinen Namen anlässlich des 50. Jahrestags der Thronbesteigung Kaiser Franz Josephs I. im Dezember 1898. Das Interieur beeindruckt durch seine malerischen Verzierungen im Wiener Jugendstil.

■ Jeruzalémská 7, So–Fr 10–18 Uhr, 150 CZK, erm. 100 CZK

Kinder

Muzeum smyslů Überrascht werden die Besucher im Museum der Sinne, wenn sie erfahren, wie ihre Wahrnehmung sie täuscht. Groß und Klein können ihre Sinne in verschiedenen Welten erproben. ■ Jindřišská 20, www.muzeumsmyslu.cz, tgl. 9–21 Uhr, Mo–Fr 299 CZK, erm. 179–239 CZK, Sa, So 325 CZK, erm. 200–260 CZK

Im Blickpunkt

Die Samtene Revolution und Václav Havel

Am 17. November 1989 demonstrierten Zehntausende Prager Studenten gegen die Staatsmacht. Die brutale Antwort der Sicherheitskräfte provozierte weitere Proteste und Streiks. Am 19. November wurde das Bürgerforum (Občanské fórum, OF) gegründet. Einer seiner führenden Vertreter war der Lyriker und Dissident Václav Havel (1936–2011). Er und seine Mitstreiter forderten das Ende der Herrschaft der Kommunisten, welche Ende November ihre verfassungsmäßigen Privilegien aufgaben. Noch vor dem Jahreswechsel war die Samtene Revolution erfolgreich, und Havel wurde neuer Staatspräsident. Später hatte er dasselbe Amt auch in der Tschechoslowakischen Föderativen Republik sowie ab 1993 in der Tschechischen Republik inne. Der »Dichterpräsident« genoss während seiner Amtszeit vor allem im Ausland hohes Ansehen, während ihm die Herzen seiner Landsleute erst nach seinem Tod 2011 wieder uneingeschränkt zuflogen. Viele Tschechen mochten den zu zaghaften Politiker Havel am Ende seiner Amtszeit deutlicher weniger als den Dissidenten und Lyriker.

25 Národní

Ausgangspunkt der Samtenen Revolution und beliebter Boulevard

■ Metro B (Můstek); Metro B, Tram 1, 2, 9, 18, 22, 93, 97, 98, 99 (Národní třída)

Ursprünglich hieß die Verbindung zwischen Jungmannplatz (Jungmannovo náměstí) und Moldau »Neue Allee«. Erst nach der Unabhängigkeitserklärung der ersten Tschechoslowakischen Republik 1918 erhielt sie ihren aktuellen Namen »Nationalstraße«. Der verkehrsberuhigte Charakter einer innerstädtischen Fußgängerzone fehlt der oft nur Národní genannten, eigentlich aber Národní třída getauften Straße leider völlig. Dafür vermengt sich hier touristisches Publikum mit einheimischen Passanten auf dem Weg zum Lieblingscafé, Einkaufsbummel oder Theaterbesuch. Die Straße ist auch ein Erinnerungsort von zeitgeschichtlicher Bedeutung. Am 17. November 1989 markierte hier die Zerschlagung einer Studentendemonstration durch Polizei und Staatssicherheit den Beginn der Samtenen Revolution (siehe »Im Blickpunkt«, S. 74). Eine Gedenktafel an der Národní 16 erinnert an diesen Wendepunkt der Geschichte.

Sehenswert

Palais Adria

| Prachtbau |

Das auffällige Palais (Palác Adria) Ecke Jungmannovo náměstí und Národní scheint einem Lego-Baukasten entsprungen. Josef Zasche und Pavel Janák erstellten den rondokubistischen Palast 1922–1924 für die Mailänder Versicherungsgesellschaft Riunione Adriatica di Sicurtà in Anlehnung an die venezianische Renaissance. Ladenpassage, »Galerie der Kritiker« und das »Café Adria« im ersten Stock sind einen Besuch wert (www.caffeadria.cz).

■ Jungmannovo náměstí 31/Národní 40

Maria Schnee

| Kirche |

Die Kirche (Chrám Panny Marie Sněžné) wurde 1347 von Kaiser Karl IV. gegründet. Der ursprünglich gotische Bau, der den ganzen heutigen Platz einnehmen sollte, wurde wegen der Hussitenkriege im 15. Jh. unterbrochen, dann im Renaissance- und Barock-Stil vollendet. Mit 40 m besitzt er den höchsten gotischen Chor der Stadt.

■ Jungmannovo náměstí 18, www.pms.ofm.cz, tgl. 9–18 Uhr

Im Blickpunkt

Die Prager Kaffeehäuser

Im Geist der Kaffeehaus-Kultur entstanden um 1900 mehrere Art-déco- und Jugendstil-Lokale in Prag, in denen sich Künstler und Intellektuelle die Zeit mit Diskutieren, Zeitunglesen oder Billardspielen vertrieben. Dazu gehören nicht nur die populären Louvre und Slavia in der Národní (S. 76), sondern auch das Café Imperial nahe Náměstí Republiky mit atemberaubendem Jugendstil-Dekor (unten) im gleichnamigen Hotel (S. 85). Inzwischen hat sich in den In-Vierteln Vinohrady, Žižkov und Holešovice eine neue Szene entwickelt. Dort werden Coolness und Vielfalt des Kaffeebrauens in diversen Konzept-Lokalen zuweilen übertrieben zelebriert, doch geht dies andererseits nicht selten mit einer gesteigerten Qualität des Getränks einher.

Österreichisches Kulturforum (ÖKF)

| Kulturzentrum |

Am Jungmannplatz vor der Kirche Maria Schnee liegt das Österreichische Kulturforum. Ein vielfältiges Angebot oft kostenloser Veranstaltungen geht hier im Rahmen des österreichisch-tschechischen Kulturaustauschs über die Bühne. Für deutschsprachige Touristen und Expats, die sich für Kunst und Kultur interessieren, ein idealer, weil zentraler Veranstaltungsort.

■ Jungmannovo náměstí 18, Tel. 224 284 001, www.oekfprag.at, Mo–Fr 10–17 (Juli, Aug. bis 16 Uhr)

Cafés

Louvre und Slavia In der Národní liegen zwei traditionsreiche Cafés. Während des Sozialismus geschlossen, wurden beide in den 1990ern wiedereröffnet. Im Slavia kann man sich unter Viktor Olivas »Absinthtrinker« (1905) einen Schluck des grünen Schnapses gönnen. ■ Louvre: Národní 22, Tel. 724 054 055, www.cafelouvre.cz, Mo–Fr 8–23.30, Sa, So 9–23.30 Uhr; Slavia: Smetanovo nábřeží 2, Tel. 777 709 145, www.cafeslavia.cz, Mo–Sa 10–23, So 10–22 Uhr

Einkaufen

Quadrio Das Einkaufszentrum mit Läden vom Supermarkt über Apotheken bis Designershops steht über der Metro-Station Národní třída. Eigentlicher Höhepunkt ist der über zehn Meter hohe, sich um die eigene Achse drehende Kafka-Kopf »K.« im rückseitigen Hof. Für die Skulptur legte David Černý (siehe »Gefällt Ihnen das?«, S. 57) 42 sich bewegende Metallplatten übereinander. ■ Spálená 22, www.quadrio.cz

26 Nationaltheater
Národní divadlo

Bedeutendstes Bauwerk aus der Zeit der Nationalen Wiedergeburt

■ Tram 2, 9, 17, 18, 22, 23, 27, 93, 97, 98 99 (Národní divadlo)

■ Národní 2, Tel. 224 901 448, www.narodni-divadlo.cz

Josef Zítek errichtete das Nationaltheater 1868–1881 überwiegend aus Spendengeldern. Das imposante Neorenaissance-Gebäude stammt aus der Zeit der tschechischen Nationalbewegung und ist Ausdruck eines Volkes, das sich nicht nur politisch emanzipieren, sondern auch seiner eigenen kulturellen Identität eine repräsentative Spielstätte geben wollte. Daher auch das über der Bühne stehende Motto: »Národ sobě« – »Das Volk sich selbst«. 1881 brannte das Haus kurz vor der Eröffnung aus und wurde in nur zwei Jahren von Zíteks Schüler Josef Schulz wieder aufgebaut. Es wird aufgrund seiner schillernden Dachkonstruktion im Volksmund auch »Goldene Kapelle« genannt. Hier finden auch wichtige gesellschaftliche Veranstaltungen abseits des regulären Theaterbetriebs statt, manche Stücke werden englisch übertitelt (S. 83).
1977–1983 errichtete man nach Plänen Karel Pragers gleich nebenan die Nová scéna. In dem futuristischen Gebäude finden Aufführungen der »Laterna magika« statt. Der Prager Regisseur Alfred Radok revolutionierte mit einer genreübergreifenden Mischung aus Pantomime, Musical, Ballett und Schauspiel die damalige Theaterwelt und forderte dank neuartiger Technik mit Dia- und Filmprojektionen die Sehgewohnheiten seines Publikums heraus (S. 83).

Pivo – (der Tschechen) allerheiligstes Nationalgetränk

Schon Jaroslav Hašeks braver Soldat Schwejk machte mit seinem berühmten Ausspruch »Nach dem Krieg um sechs im Kelch!« deutlich, was der Tscheche am liebsten tut: nämlich Biertrinken in der Stammkneipe. Das hat sich bis heute nicht geändert. Ob in der Pivnice (Bierstube), in der Hospoda (Wirtshaus) oder in den Biergärten – das flüssige Gold (»pivo«) fließt in Strömen. Bei über 130 Litern liegt der Konsum pro Kopf und Jahr. Das ist Weltrekord. In Österreich (auf Platz zwei) sind es etwas über 100 Liter. Deutschland ist zusammen mit Polen ebenfalls verlässlich in den Top 5 zu finden. Rund 40 industrielle Groß- und unzählige Kleinbrauereien produzieren jährlich ca. 20 Mio. Hektoliter Bier. Wer an der Theke ein kleines Bier bestellt, wird vom Wirt gehänselt – Standard ist selbstverständlich ein Halbliter-Glas.
Beliebteste Marken sind das Plzeňský Prazdroj mit dem Pilsner Urquell, das Budweiser Budvar sowie das Velkopopovický Kozel. Aber auch Biere aus Minibrauereien erfreuen sich zunehmender Beliebtheit. Der Gerstensaft wird nicht nach Alkoholgehalt, sondern nach Gehalt an Stammwürze differenziert. Sie beziffert den Nährstoffgehalt eines Bieres vor dem Einsetzen des Gärungsprozesses. Ein 10er hat rund 4 Volumenprozent, ein 12er etwa 4,5 bis 5.
Eine der bekanntesten Bierstuben Prags mit eigener Brauerei ist das U Fleků wenige Schritte vom Nationaltheater entfernt. Heute ist das traditionsreiche Lokal leider zu einer ziemlich überlaufenen Touristenattraktion verkommen.
Křemencova 11, www.ufleku.cz

Cafés

Café Nona In der ersten Etage der Nová scéna verbirgt sich ein Lokal mit 1970er-Jahre-Charme. Beliebt beim einheimischen und jungen Publikum. ■ Tel. 775 775 147, www.cafenona.cz, Mo–Fr 10–24, Sa, So 11–24 Uhr, in der Sommerpause des Theaters (Juli, Aug.) geschl.

Kinder

Laterna magika Über 45 Jahre lang begeisterte »Der Zauberzirkus« (»Kouzelný cirkus«) Generationen von kleinen Besuchern – bis er Ende 2022 aus dem Programm genommen wurde. Heute zählen »BatoLaterna« für Zuschauer bis 3 J. und »Das Wunder der Schöpfung« (»Zázrak (s)tvoření«) für Kinder ab 4 zu den beliebtesten Inszenierungen. Tickets sollten im Vorverkauf erworben werden.

27 Masaryk-Kai
Masarykovo nábřeží

Glanzvolle Uferpromenade in Nachbarschaft der idyllischen Slaweninsel

■ Tram 2, 9, 17, 18, 22, 23, 27, 93, 97, 98, 99 (Národní divadlo)

Wer sich fragt, warum Prag seinen inoffiziellen Titel »Goldene Stadt« bis heute zu Recht trägt, sollte von der Kleinseite aus Richtung Masaryk-Kai schauen. Die Promenade erstreckt sich von der Legionen-Brücke (Most Legií) flussaufwärts bis zum Tanzenden Haus. Prachtvolle Gebäude, beginnend mit dem Nationaltheater (S. 76), reihen sich hier aneinander. Vorgelagert ist mit der Slaweninsel (Slovanský ostrov) die vielleicht schönste Moldauinsel Prags.

Sehenswert

Goethe-Institut

| Architektur |

Das Eckhaus gleich hinter dem Nationaltheater ist spektakulärer Ausgangspunkt einer prächtigen Häuserzeile. Den Jugendstil-Bau von 1905 zieren Plastiken von Ladislav Šaloun. Im Sozialismus diente es als DDR-Botschaft, seit 1991 bereichert darin das Goethe-Institut das Prager Kulturleben.

■ Masarykovo nábřeží 32, Tel. 221 962 111, www.goethe.de/prag

Galerie Mánes

| Architektur |

Das südliche Ende des Masaryk-Kais markiert die Galerie Mánes. Der nach dem böhmischen Romantik-Maler Josef Mánes benannte Verein bildender Künstler ließ es Ende der 1920er-Jahre erbauen. Das Gebäude zählt zu den herausragenden Vertretern des Prager Funktionalismus. Die Konstruktion bildet gleichzeitig eine Brücke zwischen Kai und Slaweninsel. Gleich daneben steht der alte gotische Wasserturm. Einst Teil eines Mühlensystems, wurde er vom kommunistischen Geheimdienst StB als Beobachtungsposten genutzt – für den gegenüber wohnenden Dissidenten Václav Havel.

■ Masarykovo nábřeží 1, Tel. 224 932 938, www.galeriemanes.com

Slaweninsel

| Insel |

Die rund 400 m lange Insel (Slovanský ostrov) entstand erst im 18. Jh. durch natürliche Anschwemmung. 1832–1918 hieß das kleine Eiland nach der Mutter Kaiser Franz Josephs Sophieninsel. 1848 fand hier unter Leitung des Historikers und Führers der Nationalbewegung

Masaryk-Kai – Moldau-Promenade mit prächtigen Gebäuden

František Palacký der Slawenkongress statt. Die heutige Bezeichnung geht auf jene Ereignisse zurück, während das Neorenaissance-Kasino (Palác Žofín) in der Mitte noch den Namen der Kaisermutter trägt. Die Grünflächen werden wie diejenigen der nahen Schützeninsel (Střelecký ostrov) gern zu einem kleinen Spaziergang genutzt.

ADAC Mobil

Neben Dampfern und Ausflugsbooten verkehren auf der Moldau acht **Fähren**. Seit 2005 sind sie Teil des Nahverkehrssystems. Mitfahren kann man also mit normalem Fahrschein (S. 19). Für Besucher interessant: Linie 2 (in der Nähe des Zoos), 3 (zwischen Lihovar am westlichen Moldau-Ufer und Dvorce) und 5 (zwischen Smíchov, Kaiserwiese und Výtoň an der Eisenbahnbrücke Neustadt/Vyšehrad).
www.dpp.cz/de

Erlebnisse

An den Ufern der Slaweninsel ermöglichen einige Anlegestellen für **Tret- und Ruderboote** besonders Touristen mit moderat sportlichem Einsatz einen tollen Blick auf Karlsbrücke und Burg.

28 Tanzendes Haus
Tančící dům

Dekonstruktivistische Architektur mit gesellschaftspolitischer Botschaft

■ Metro B (Karlovo náměstí); Tram 5, 17, 27 (Jiráskovo náměstí)
■ Jiráskovo náměstí 6, www.tadu.cz, tgl., Galerie 9–19, Café-Bar 10–22, Restaurant 7–10, 11.30–23.30 Uhr

In den 1990er-Jahren entstanden zahlreiche Neubauten, von denen viele kaum der Rede wert sind. Prominente Ausnahme ist das dekonstruktivistische Tanzende Haus von Vladimír Milunić und Frank Gehry. Die tschecho-kanadische Zusammenarbeit fruchtete 1996 in einem Bau der Gegensätze: vorn das statische, vertikale Element, dahinter das dynamische, umschlingende, das den gesellschaftlichen Umbruch jener Zeit symbolisiert. In Anlehnung an das legendäre Hollywood-Tanzpaar Ginger Rogers und Fred Astaire trägt es auch den Spitznamen »Ginger und Fred«. Prominenter Unterstützer des Baus war Václav Havel, der in der Nachbarschaft wohnte. Im Gebäude logieren eine Galerie für moderne Kunst, ein Hotel, eine Bar und ein Restaurant mit spektakulärer Aussichtsterrasse.

29 Rašín-Kai
Rašínovo nábřeží

Uferpromenade und angesagter Treffpunkt mit Märkten

■ Metro B (Karlovo náměstí, Ausgang Palackého náměstí)
■ Tram 2, 3, 10, 16, 17, 21, 92, 94 (Palackého náměstí) oder Výtoň

Der Uferabschnitt zwischen Vyšehrad und Tanzendem Haus lädt nicht nur zum Flanieren ein. An manchen Sommerabenden wandelt sich die 1,5 km lange Fußgängerzone an der Moldau, die nach einem Mitbegründer der Tschechoslowakei benannt wurde, zur Partymeile. Beliebt ist die »Náplavka« auch wegen ihrer kulinarischen Festivals und Wochenmärkte. Auf dem »Loď Tajemství« und der »(A)VOID Floating Gallery« spielen am Abend Theatergruppen und internationale Musiker. Andere Boote, die an der Náplavka angelegt haben, laden zu Snacks und Getränken ein – zumindest in der warmen Jahreszeit. Die Mauerbogen unter der Hauptstraße haben in den vergangenen Jahren eine neue Funktion erhalten. Früher wurden hier große Mengen Trockeneis gelagert. Heute haben sich kleine Cafés und Galerien einquartiert. Wer nur vom Großstadttrubel verschnaufen und dabei das Panorama genießen will, ist hier auch in der Nebensaison richtig.

■ Pražské náplavky, Tel. 222 013 618, Veranstaltungen: www.prazskenaplavky.cz

ADAC Mittendrin

An vielen Ständen des **Bauernmarkts am Rašín-Kai** (links) gibt es günstig Kaltes und Warmes aus hochwertigen Produkten. Das frische Angebot wird immer beliebter und läuft Fast-Food-Ketten und Imbissbuden oft den Rang ab. *Sa 8–14 Uhr, www.farmarsketrziste.cz*

30 Emmauskloster
Emauzský klášter

Der Sakralbau beherbergt einen wertvollen Freskenzyklus

■ Metro B (Karlovo náměstí); Tram 2, 3, 10, 14, 16, 18, 24 (Moráň/Karlovo náměstí)
■ Vyšehradská 49, Tel. 221 979 228, www.opatstvi-emauzy.cz, Mai–Sept. Mo–Sa 11–17, Okt.–April Mo–Fr 11–16 Uhr, 90 CZK, erm. 60 CZK

Mit dem Emmauskloster (Emauzský klášter), 1347 »Bei den Slawen« (Na Slovanech) gegründet, wollte Karl IV. (S. 114) die Beziehungen zu den südöstlichen Teilen Europas verbessern und zur Beendigung der Trennung von Ost- und Westkirche beitragen. Zu den wertvollsten Zeugnissen böhmischer Wandmalerei gehört der einst 130 m

lange Freskenzyklus um 1360 mit 85 Szenen aus dem Alten und Neuen Testament, heute als sog. »Armenbibel« nur noch in Bruchteilen erhalten.
Gegen Ende des Zweiten Weltkriegs wurde die Klosteranlage durch US-amerikanische Bombenangriffe stark beschädigt. Beim Wiederaufbau erhielt die Westfront Ende der 1960er-Jahre ihre markante Dachkonstruktion – als moderne Antwort auf die gotische Formensprache.

»Vertreibung aus dem Paradies«: Fresko im Emmauskloster

31 St. Kyrill und Method
Kostel sv. Cyrila a Metoděje

Metropolkirche der Diözese Prag und Symbol des Widerstands

■ Metro B, Tram 2, 3, 6, 10, 14, 16, 18, 24, 91–97, 99 (Karlovo náměstí); Tram 5, 17, 27 (Jiráskovo náměstí)
■ Resslova/Na Zderaze (oder Resslova 9a), Tel. 222 540 718, Di–So 8–17, Juli, Aug. So nur bis 14 Uhr, Eintritt frei

Die in der ersten Hälfte des 18. Jh. spätbarock erbaute Kirche ist heute zentrale Gedenkstätte des tschechischen Widerstands gegen die NS-Herrschaft. 1942 versteckten sich hier sieben Widerstandskämpfer um Jan Kubiš und Jozef Gabčík. Die beiden Fallschirmjäger hatten am 27. Mai im Stadtteil Libeň ein Attentat auf Reinhard Heydrich, stellv. Reichsprotektor in Böhmen und Mähren (S. 119), verübt, an dessen Folgen dieser später starb. Am 17. Juni erfuhr die Gestapo von dem Versteck. Ein SS-Kommando riegelte tags darauf das Gotteshaus großflächig ab. Bei den Kämpfen im Kircheninnern kamen drei Widerstandskämpfer und 14 SS-Leute ums Leben. Vier Tschechoslowaken waren in die Krypta geflüchtet und begingen schließlich Selbstmord. An der Kirchenfassade sind noch die Einschusslöcher der Gefechte zu sehen. Eine Gedenktafel und eine kleine Ausstellung erinnern an das Schicksal der Widerstandskämpfer und die Zeit der deutschen Besatzung.

Restaurants

€€ | U Parašutistů »Bei den Fallschirmjägern« kehren kaum Touristen ein. Einheimische finden umso mehr Gefallen an rustikalem Flair und deftiger Hausmannskost. ■ Resslova 7, Tel. 737 670 278, www.uparasutistu.cz, Mo–Fr 11.30–22, Sa 12–22 Uhr

Neustädter Rathaus – Ort des ersten Prager Fenstersturzes

32 Neustädter Rathaus
Novoměstská radnice

■ Metro B, Tram 2, 3, 6, 10, 14, 18, 22, 23, 91–97, 99 (Karlovo náměstí)
■ Karlovo náměstí 23, Tel. 224 947 190, www.nrpraha.cz, Di–So 10–18 Uhr, Turm: 60 CZK, erm. 40 CZK (im Winter geschlossen)

Das ursprünglich gotische, später im Renaissance-Stil umgestaltete Rathaus war bis zur Vereinigung der »Prager Städte« Ende des 18. Jh. das Verwaltungszentrum der Neustadt, später Gericht und Gefängnis. Aus der ersten Bauzeit (Mitte 14. Jh.) sind noch Kellerräume und der als Trausaal verwendete zweischiffige Säulensaal im Erdgeschoss erhalten. Der knapp 70 m hohe Rathausturm (212 Stufen) mit Kapelle im ersten Stock und dem Schauplatz des ersten Prager Fenstersturzes kann ebenso besichtigt werden wie die Ausstellungen im Hauptgebäude. An der Ostseite des Turms markiert die »Prager Elle« ein Längenmaß, das etwa 500 Jahre lang in Böhmen verwendet wurde.

Parken

Am westlichen Ende des Karlsplatzes steht das **Central Parking Prague**.
■ Karlovo náměstí 15, Tel. 222 515 714, 40 CZK/Std. (1. Std. 60 CZK), 700 CZK/Tag

Cafés

Café Neustadt Das Kaffeehaus am Rathaus (Zugang Vodičkova) zieht seit 2013 vor allem junges Publikum an.
■ Tel. 731 105 764, www.cafeneustadt.cz, Mo–Fr 9–23, Sa 10–23, So 10–20 Uhr

ADAC Wussten Sie schon?

Der Sturz der königlichen Statthalter Martinitz und Slavata aus einem Fenster der Prager Burg (S. 48) löste 1618 den Dreißigjährigen Krieg aus. Schon 200 Jahre vorher markierte der erste der **Prager Fensterstürze** den Beginn der Hussitenkriege. Anhänger von Jan Želivský drangen 1419 ins Rathaus ein, befreiten gefangene Glaubensbrüder und warfen die katholischen Ratsherrn aus dem Fenster. Beim dritten Prager Fenstersturz fand man 1948 Außenminister Jan Masaryk tot vor seinem Amtssitz (S. 53). Sein Tod ist bis heute ungeklärt. Vermutlich beförderte ihn der russische Geheimdienst durch das Fenster ins Jenseits.

Am Abend

Die Neustadt begründet Prags Ruf als Partystadt. Zwischen Karlsplatz und Busbahnhof Florenc drängen sich Dutzende Theater, Kinos, Clubs und Bars. Techno-Schuppen und Konzerthäuser ziehen das junge Partyvolk an, edle Penthouse-Bars, Musical-Bühnen und Programm-Kinos das eher gesetzte Publikum. In mancher Straße braucht man nicht lange nach der typischen »hospoda« (S. 77) zu suchen. Um den Wenzelsplatz herrscht in den Abendstunden das wildeste Treiben. Vor allem am Wochenende vermengen sich hier Horden betrunkener Touristen mit Werbung verteilenden Lockvögeln aus Casinos und Bordellen.

Bühne

Divadlo Image Eines der führenden »Schwarzen Theater«, in dem durch UV-Licht fluoreszierende Gegenstände und Figuren magisch leuchten und sich wie von Geisterhand bewegen. ■ Národní 25, Tel. 222 314 448, www.imagetheatre.cz, Metro B, Tram 2, 9, 18, 22, 23, 93, 97, 98, 99 (Národní třída)

Národní divadlo, Nová scéna Im Nationaltheater (S. 76) kommen große Opern und Ballette zur Aufführung. Die »Neue Bühne« ist Heimat der »Laterna magika« (S. 76). ■ Národní 2 und 4, Tel. 224 901 448, www.narodni-divadlo.cz, Tram 2, 9, 18, 22, 23, 93, 97, 98, 99 (Národní divadlo)

Konzerte

Lucerna Music Bar Konzertlokal mit internationalen Rock- und Popbands. Am Wochenende mit beliebter 80er/90er-Video-Disco. ■ Vodičkova 36, Tel. 224 217 108, www.musicbar.cz, Tram 3, 5, 6, 9, 14, 24, 91, 92, 94, 95, 96, 98 (Václavské náměstí)

Reduta Jazz Club Legendärer Jazzclub mit täglich mindestens einem Konzert. Hier spielten viele internationale Stars – und Bill Clinton ein Saxophon-Solo. ■ Národní 20, Tel. 737 773 343, www.redutajazzclub.cz, Metro B, Tram 2, 9, 18, 22, 23, 93, 97, 98, 99 (Národní třída)

Kneipen, Bars und Clubs

Bar No. 7 Gemütliche Bar in der Nähe des Goethe-Instituts. Gelegentlich treten hier englischsprachige Stand-up-Comedians und Musiker auf. Beliebter Treffpunkt für Expats. ■ Na Struze 7, Tel. 720 659 586, tgl. 15–2 Uhr, Tram 2, 9, 18, 22, 23, 93, 97, 98, 99 (Národní divadlo)

Café Jericho Der Name irritiert. Zwar ist das Jericho tagsüber ein Café, doch in erster Linie eine beliebte, schlichte und gemütliche Studentenkneipe. ■ Opatovická 26, Tel. 739 393 777, www.cafejericho.cz, Mo–Fr 11–1, Sa 15–1, So 15–24 Uhr, Metro B, Tram 2, 9, 18, 22, 23, 93, 97, 98, 99 (Národní třída)

Cloud 9 Sky Bar & Lounge Edel-Bar mit guten, etwas teuren Cocktails im Dachgeschoss des Hilton-Hotels, an der Grenze zwischen Neustadt und Karlín-Viertel. Man zahlt auch für die tolle Aussicht. ■ Pobřežní 1, Tel. 224 842 999, www.cloud9.cz, Mo–Sa 18–1 Uhr, Metro B/C, Tram 3, 8, 24 (Florenc)

Duplex Einer der führenden Mainstream-Clubs des Landes. Elektro und House. Hier trifft sich die modebewusste Jugend. ■ Václavské nám. 21, Tel. 732 221 111, www.duplex.cz, tgl. 22–5, Rooftop-Bar ab 20 Uhr, Tram 3, 5, 6, 9, 14, 24, 91, 92, 94, 95, 96, 98 (Václavské nám.)

Glass Bar Etwas kühl eingerichtete Penthouse-Bar mit gutem Preis-Leistungs-Verhältnis: Von der Terrasse des Tanzenden Hauses hat hat man einen fantastischen Blick. ■ Jiráskovo nám. 6, Tel. 703 651 330, www.glassbar.cz, tgl. 10–22 Uhr, Tram 5, 17, 27 (Jiráskovo nám.)

Vagon Club Eine Institution. Erst finden Konzerte statt, danach ist Rock-Disco angesagt. Auch bei Pragern noch beliebt, obwohl das Lokal mittlerweile von vielen Touristen besucht wird. ■ Národní 25, Tel. 733 737 301, www.vagon.cz, Mo 19–1, Di–Do 19–5, Fr, Sa 19–6 Uhr, Metro B, Tram 2, 9, 18, 22, 23, 93, 97, 98, 99 (Národní třída)

Vinárna U Sudu Bei Einheimischen wie Touristen gleichermaßen beliebte Kneipe mit trink- und konversationsfreudigem Publikum. Kickertische und weitere Ausschänke im Untergeschoss. ■ Vodičkova 10, Tel. 222 232 207, www.usudu.cz, Mo–Do 9–4, Fr 9–5, Sa 10–5, So 11–4 Uhr, Tram 3, 5, 6, 9, 14, 91–99 (Lazárská)

Kinos

Lucerna Einer der größten und schönsten Kinosäle der Stadt und Schauplatz mehrerer Festivals (S. 126). Arthouse-Filme und Blockbuster, meist in Originalsprache, oft mit englischen Untertiteln. ■ Vodičkova 36, Tel. 224 216 972, www.kinolucerna.cz, Tram 3, 5, 6, 9, 14, 24, 91, 92, 94, 95, 96, 98 (Václavské nám.)

Světozor Gegenüber dem Eingang zur Lucerna-Passage bietet das Světozor (S. 70) ein ähnliches Konzept. ■ Vodičkova 41, Tel. 608 330 088, www.kinosvetozor.cz, Tram 3, 5, 6, 9, 14, 24, 91, 92, 94, 95, 96, 98 (Václavské nám.)

Übernachten

In der Neustadt entstanden Anfang des 20. Jh. etliche Luxushotels. Viele, wie das prachtvolle »Imperial«, verfielen während des Sozialismus. Nach der Wende wurden einige davon saniert. Neue Hotels unterschiedlichster Kategorien kamen dazu, denn die meisten Besucher wollen zentrumsnah übernachten. Das führt trotz Konkurrenz durch Privatunterkünfte zu teils überhöhten Preisen. Ungeachtet des riesigen Bettenangebots gilt wie in der Altstadt und auf der Kleinseite: Frühzeitiges Buchen spart Geld und Stress. Im Folgenden ist mit dem »Hotel Mucha« auch ein Haus aufgeführt, das im angrenzenden Viertel Karlín liegt.

A Plus Hotel and Hostel Eigentlich ist das eher Hostel und Jugendherberge. Aber man kann auch einige ordentliche Dreisterne-Standardzimmer buchen. Großer Vorteil: die Nähe zum Wenzelsplatz. ■ Jindřišská 5, Tel. 222 314 272, www.aplus-hostel.cz

Artharmony Pension & Hostel Die schönen, originellen Zimmer sind mit

Materialien wie Holz, Stein und Bambus dekoriert. Hier kommen romantisch veranlagte Naturfreunde auf ihre Kosten. ■ Ječná 12, Tel. 222 542 931, www.artharmony.cz

Dahlia Inn Einfaches Gästehaus mit ordentlichen, modern eingerichteten und etwas spartanischen Zimmern. Der Service im kleinen Familienbetrieb ist vorbildlich. ■ Lípová 20, Tel. 776 686 719, Buchung über booking.com

Pension Březina Schlichte Pension mit zweckmäßigen, sauberen, etwas altmodischen Zimmern. Der Innenhof mit Garten lädt zum Entspannen ein. ■ Legerova 39, Tel. 224 266 779, www.brezina.cz

€€

Ambiance Hotel Die Viersterne-Auszeichnung erscheint ob der spartanischen Standardzimmer etwas hoch gegriffen. Dafür ist das Hotel angesichts seiner zentralen Lage ziemlich preisgünstig. ■ Tyršova 8, Tel. 227 022 022, www.ambiancehotel.cz

Hotel Mucha Zuweilen etwas rustikal, aber dennoch stilvoll eingerichtetes Viersternehotel mit erstaunlich günstigen Angeboten. Bucht man frühzeitig, kann man ein echtes Schnäppchen machen. ■ Sokolovská 65, Karlín, Tel. 222 318 849, www.hotelmucha.cz

MEET ME 23 Neues Boutique-Hotel am Hauptbahnhof mit individuell gestalteten Zimmern. Im Angebot stehen auch Dachapartments für vier Personen und günstige Schlafplätze in Mehrbettzimmern. ■ Washingtonova 23, Tel. 601 023 023, www.meetme23.com

Miss Sophie's New Town Geschmackvoll ausgestattetes kleines Hotel in einer ruhigen Seitenstraße. Die Zimmer sind überschaubar, doch sehr gepflegt und mit Liebe zum Detail dekoriert. ■ Melounova 3, Tel. 210 011 200, www.miss-sophies.com

13 **Mosaic House** Ein erfrischend originell designtes Hotel mit einem jungen, unkomplizierten, aufmerksamen Team. Hier nächtigt man in schlichten Mehrbettunterkünften, in modernen, mit viel Stil eingerichteten Zimmern oder in Apartments mit eigener Küche. Und die Dachterrasse ist einfach der Hit. ■ Odborů 4, Tel. 277 016 880, www.mosaichouse.com

Wenceslas Square Hotel Schönes kleines Dreisternehotel mit standardmäßigen Zimmern. Im obersten Stock befindet sich ein Designer-Luxus-Doppelzimmer mit freistehender Wanne. Die Dachterrasse eröffnet den Blick auf die Kuppel des Nationalmuseums. ■ Mezibranská 13, Tel. 777 772 408, www.wenceslassquare.cz

€€€

Art Deco Imperial Elegantes Jugendstil-Hotel mit einer atemberaubenden Ausschmückung. Keramikfliesen, Deckenmosaike, reich verzierte Buntglasfenster in Lobby, Bar und Restaurant sowie Fußbodenheizung, Marmorbäder in den Zimmern und ein Wellness-Bereich machen dieses Hotel zu einem der außergewöhnlichsten der Stadt. ■ Na Poříčí 15, Tel. 246 011 600, www.hotel-imperial.cz

Hotel Ambassador Zlatá Husa Das führende Hotel am Wenzelsplatz. Das Jugendstil-Haus bietet den Service und Luxus-Standard, den man von einem Fünfsterne-Etablissement erwartet. Höhepunkte sind die ausgezeichneten Restaurants mit böhmischen und französischen Spezialitäten. ■ Václavské náměstí 5, Tel. 224 193 111, www.ambassador.cz

Žižkov und Vinohrady – Szene- neben Wohnviertel

Der lebhafte Ausgehkiez östlich des Zentrums grenzt direkt an das eleganteste Viertel der Stadt

Vor 100 Jahren drängten sich in Žižkov noch Arbeiterfamilien in engen Mietswohnungen, trafen sich Kommunisten zu Parteiversammlungen und Männer zum Feierabendbier in der Kaschemme. Die vielen Kneipen und Nonstop-Bars sind noch heute typisch für das Viertel. Von überall her gut zu sehen ist das Wahrzeichen von Žižkov, der futuristisch anmutende Fernsehturm. In seinem Schatten tummeln sich die Nachtschwärmer.

Etwas ruhiger geht es im Nachbarbezirk Vinohrady zu: Hier wohnen besser verdienende Prager und Expats. In den oft schachbrettartig angelegten Häuserzeilen stehen zahlreiche schöne Bauten aus der Gründerzeit. Damals hieß das Viertel noch Královské Vinohrady (Königliche Weinberge) mit dem Status einer Königsstadt. Der Name stammt vom ehemals kaiserlichen Weinanbaugebiet am Südhang des Hügels, über den sich das Viertel Vinohrady erstreckt.

In diesem Kapitel:

ADAC Top Tipps:

Fernsehturm
| Aussichtsturm |
Der spektakuläre Bau spaltet die Prager: Die einen finden ihn hässlich, die anderen haben sich damit abgefunden. Dennoch einen Besuch wert. 89

ADAC Empfehlungen:

Veitsberg
| Mahnmal |
Hügel mit Nationaler Gedenkstätte und einer prächtigen Aussicht. 88

(15) **Hospoda U Vystřelenýho oka**
| Restaurant |
Kult-Kneipe, in der zum tollen Gulasch ordentlich getrunken wird. 89

40

7

18

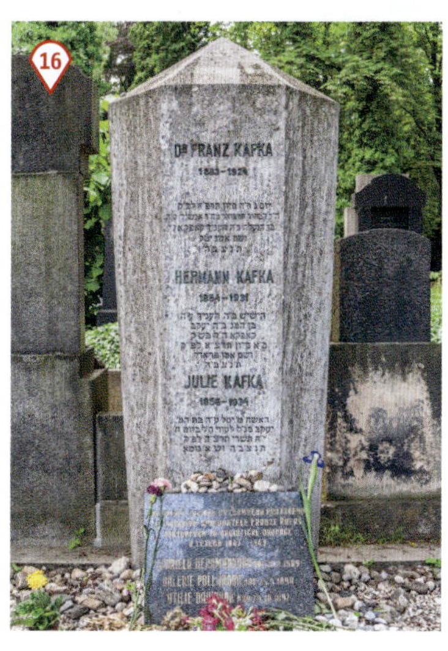
16
Dr FRANZ KAFKA
1883–1924
HERMANN KAFKA
1854–1931
JULIE KAFKA
1856–1934

Gedenkstätte mit Jan-Žižka-Denkmal auf dem Veitsberg hoch über Prag

33 Veitsberg
Vítkov

Nationale Gedenkstätte mit imposanter Reiterstatue

■ Tram 5, 9, 15, 26, 95, 98 (Viktoria Žižkov); Bus 133, 175, 207 (U Památníku)

Majestätisch thront die Reiterstatue Jan Žižkas über Prag. Hinter dem Hussitenführer erhebt sich die Nationale Gedenkstätte als mächtiger Granitblock. Der westliche Teil des Veitsbergs gehört damit zu den auffälligsten Erhebungen der Stadtsilhouette. Das Ensemble mit Grab des Unbekannten Soldaten entstand in den 1920/30er-Jahren zu Ehren der tschechoslowakischen Legionäre, die im Ersten Weltkrieg aufseiten der Alliierten kämpften. 1420 schlug Žižka hier das kaiserliche Heer Sigismunds und bewahrte Prag vor einer Invasion. Der Vítkov ist zentraler Erinnerungsort tschechischer Eigenständigkeit, Platz für Staatsakte und militärische Zeremonien. Das Gebäude beherbergt ein kleines historisches Museum samt ehem. Mausoleum und ein Café mit Terrasse. Dahinter erstreckt sich ein schöner Park.

Sehenswert

Jan-Žižka-Denkmal

| Monument |

Die 9 m hohe, über 16 t schwere Plastik gilt als größtes bronzenes Reiterstandbild der Welt. Gestaltet wurde der einäugige, grimmig dreinblickende, mit Morgenstern bewaffnete Jan Žižka von Bohumil Kafka, der rund zehn Jahre für den Entwurf benötigte. Die Einweihung 1950 erlebte er nicht mehr: Er verstarb bereits 1941 während der deutschen Besatzung.

34 Žižkov

Der lebendigste Kneipen-Kiez, das »Berlin von Prag«

■ Metro A (Jiřího z Poděbrad), Tram 5, 9, 15, 26, 95, 98 (Viktoria Žižkov); Bus 133, 175, 207 (U Památníku o. Tachovské nám.)

In keinem anderen Stadtteil reihen sich so viele Wirtshäuser (»hospody«) aneinander wie in Žižkov. Eine trinkfreudige Bevölkerung prägt das Viertel seit jeher. Doch wo früher Arbeiter ihren harten Tag in der Fabrik beim Bier vergessen wollten, prostet sich heute eine junge, hippe Generation von Einheimischen und Expats zu. Am Samstagabend gleichen manche Straßenzüge einem modernen Babylon, man hört mitunter mehr Englisch als Tschechisch. Angesagte Clubs, Bars mit Flohmarkt-Möbeln und Konzept-Cafés prägen heute das Bild (S. 94). Eine Institution war und ist der Fußballclub FK Viktoria Žižkov. Seine Heimspiele (So 10.15 Uhr) erinnern an die Zeit, als das Viertel noch den Arbeitern gehörte.

ADAC Spartipp

Nicht nur Kreuzberger, auch Žižkover Nächte sind oft lang. Da kann es nicht schaden, den Kreislauf anzuregen. Wer das Geld fürs Fitness-Studio sparen möchte, kann sich im kleinen, zentrumsnahen **Park Rajská zahrada** verausgaben. Hier gibt es für Groß und Klein verschiedene Geräte – und alles umsonst.
U Rajské zahrady 1, April–Nov. tgl. 7–21 Uhr

Restaurants

15 **€ | Hospoda U Vystřelenýho oka** Legendär und etwas verschroben, ist das »Ausgeschossene Auge« eher Kneipe als Restaurant. Das Gulasch mit Brot aber ist unschlagbar, die fröhlich-derbe Stimmung ebenso. ■ U Božích bojovníků 3, Tel. 222 540 465, www.uvoka.cz, Mo–Sa 16.30–1 Uhr

€€ | U Sadu Bier-Restaurant mit urigem Ambiente und origineller Einrichtung – man wähnt sich zu Gast bei einem unordentlichen Antiquitätenhändler. ■ Škroupovo náměstí 5, Tel. 222 727 072, www.usadu.cz, So, Mo 8–2, Di–Sa 8–4 Uhr

35 Fernsehturm

Spätsozialistisches Monument mit skurriler Kunst am Bau

■ Metro A, Tram 11, 13 (Jiřího z Poděbrad) ■ Mahlerovy sady 1, Tel. 210 320 081, www.towerpark.cz, tgl. 9–24 Uhr, Aussichtsplattform: 300 CZK, erm. 230–250 CZK

Der 1985–1992 errichtete Fernsehturm ist mit 216 m das höchste Bauwerk des Landes – und das zweithässlichste der Welt. So zumindest wirbt der private Betreiber für den futuristischen Turm. Entweder man hasst oder liebt den grauen Koloss. Die meisten eingesessenen Prager entschieden sich für Ersteres. Inzwischen hat man sich daran gewöhnt, die Silhouette gehört einfach dazu. Seit 2000 krabbeln Metallbabys von David Černý (S. 57) an den run-

Fernsehturm von Žižkov – Erbe des kommunistischen Regimes

Der Platz Jiřího z Poděbrad mit Fernsehturm und Herz-Jesu-Kirche

den Stelen entlang. Das ehemals muffige Restaurant im 1980er-Look wich einem modernen Designerlokal mit Haute Cuisine und Cocktail-Bar der obersten Klasse. Die Besucherplattform (93 m) bietet einen herrlichen Blick über die Stadt.

Parken

Parkplatz neben dem Fernsehturm und Tiefgarage für Langzeitparker. ■ Mahlerovy sady 1, Tel. 210 320 081, Parkplatz 50 CZK/Std., Tiefgarage: www.mrparkit.com, 500 CZK/Tag

36 Platz des Georg von Podiebrad
Náměstí Jiřího z Poděbrad

Großzügig angelegter Platz mit außergewöhnlichem Kirchenbau

■ Metro A, Tram 11, 13 (Jiřího z Poděbrad)

Benannt wurde der Platz nach dem einzigen hussitischen König Böhmens. Dieser wehrte sich im 15. Jh. mehrmals erfolgreich gegen seine katholischen Widersacher aus dem In- und Ausland. Inmitten des rechteckig angelegten Areals steht die moderne »Kirche des heiligsten Herzens des Herrn«. Drum herum etablierten sich vermehrt neue, trendige Cafés und ein Bauernmarkt, der frische Waren aus der Region anbietet (Mi–Sa).

Sehenswert

Herz-Jesu-Kirche

| Kirche |

Den bedeutendsten tschechischen Sakralbau des 20. Jh. (1928–1932, Kostel Nejsvětějšího srdce Páně) konzipierte der slowenische Architekt Jože Plečnik. Der Vertreter der Moderne verband altchristliche und antike mit funktionalistischen Elementen. Auffällig ist der Glockenturm mit seiner riesigen Uhr.

■ Náměstí Jiřího z Poděbrad 19, www.srdcepane.cz, tgl. 9–17 Uhr (nur Eingangsbereich)

Rieger-Park

| Grünanlage |

Der Riegrovy sady liegt an einem Hang an der Grenze zwischen Vinohrady und Žižkov in Richtung Hauptbahnhof. Der beeindruckende Ausblick von der Stirnseite auf die Stadt zieht im Sommer Scharen an, die sich mit Picknickkorb und Wein auf der Wiese versammeln. Dazu kommen Biergärten und Sportanlagen, die den Park zu einem der beliebtesten der Stadt machen.

Parken

Rund 500 m und eine Metrostation entfernt befindet sich im **Einkaufszentrum Atrium Flora** ein Parkhaus. Die erste Stunde ist gratis (ab 19 Uhr und an den Wochenenden die ersten drei Stunden). ■ Vinohradská 151, Tel. 255 741 704, 7–24 Uhr, 60 CZK/Std.

Cafés

Kavárna Plecnik Stilvoll eingerichtetes Lokal mit guten Snacks, aufmerksamer Bedienung und annehmbaren Preisen. ■ Náměstí Jiřího z Poděbrad 10, Tel. 776 660 200, Mo–Sa 9–22, So 11–22 Uhr

37 Wolschaner Friedhöfe Olšanské hřbitovy

Größter Friedhof Prags mit vielen schönen Grabstätten

■ Metro A, Tram 10, 11, 13, 15, 16 (Flora, Olšanské hřbitovy und Želivského)
■ Vinohradská 153

Auf dem größten Friedhof der Stadt sollen auf über 50 Hektar über zwei Mio. Menschen bestattet sein. Zur gesamten Anlage gehören auch Abschnitte für Muslime, Orthodoxe, Soldaten sowie der Neue Jüdische Friedhof (samstags geschlossen). Vor allem Letzteren besucht manch Literaturfreund, denn er beherbergt das Grab Franz Kafkas. Auch im christlichen Teil fanden berühmte Tschechen ihre letzte Ruhestätte: der Philosoph Bernard Bolzano, der kommunistische Machthaber Klement Gottwald, der Student Jan Palach (S. 68) oder der beliebte Märchenfilmschauspieler Vladimír Menšík.

38 Krymská

Hippe Ausgehstraße mit Cafés, Bars und Straßenfestivals

■ Tram 13, 22, 97, 99, Bus 135 (Krymská)

Direkt an der Grenze der Viertel Vinohrady und Vršovice liegt die kleine, steil abfallende Krymská-Straße. 2015 erhielt sie so etwas wie den publizistischen Ritterschlag, als die »New York Times« sie in einer viel beachteten Reportage in ihre Liste der zwölf angesagtesten Straßen Europas aufnahm. Auf rund 300 m reihen sich vegane Restaurants, Beer-Geek-Bars und kleine Galerien aneinander. Das Publikum ist meist jung, trägt Hornbrille und Parka und nippt laktosefreien Latte macchiato. Viele der neuen Institutionen nehmen für sich in Anspruch, authentisch alternativ und originell zu sein sowie eine Nischenkundschaft zu bedienen. Manchen Orten nimmt man das gern ab (siehe »Am Abend«, S. 94), anderen weniger.

Restaurants

€€ | **Ansámbl** Szeniges Lokal mit tschechisch-französischer Fusionsküche. Samstag ist Brunch-Tag. ■ Krymská 2, Tel. 732 995 111, www.ansambl-bistro.cz, Di–Fr 17–22.30, Sa 10–14, 17–22.30 Uhr

Cafés

Kavárna Šlágr Konditorei-Café im Stil der 1920er-/30er-Jahre mit exzellenten Torten. ■ Francouzská 72, Tel. 607 277 688, www.kavarnaslagr.cz, tgl. 9–19 Uhr

Einkaufen

Galerie Xaoxax Kleiner Buchladen mit Galerie. Vor allem Comic-Fans kommen hier auf ihre Kosten. ■ Krymská 29, www.xaoxax.cz, Di–Fr 14–19, Sa 11–17 Uhr

39 Havlíček-Gärten
Havlíčkovy sady

Der romantische Park wird auch die »Prager Toskana« genannt

■ Havlíčkovy sady, Nov.–März 6–22, April–Okt. 6–24 Uhr
■ Tram 13, 22, 97, 99, Bus 135 (Krymská)

Der Park am Südhang Vinohradys ist eines der beliebtesten Naherholungsgebiete der Prager. Touristen verirren sich eher selten her. Dabei zählen die nach dem Dichter Karel Havlíček Borovský genannten Gärten zu den schönsten Grünanlagen. Die Prager nennen sie »Grébovka« nach dem vermögenden Industriellen Moritz Gröbe, in den 1870er-Jahren Bauherr und Gestalter von Park und dazugehöriger Villa. Dank imposanter künstlicher Grotte, Neptun-Brunnen, Wasserflächen und einem kleinen Weinberg weht ein Hauch Toskana durch den vor Kurzem runderneuerten Park. Der Weinberg bringt einen Ertrag von bis zu 7000 l pro Jahr.

Restaurants

€€ | **Viniční altán** Weinstube, in der man gut essen kann. Wunderschön gelegen in einem Altan. Der Rebensaft kommt unter anderem aus eigenem Anbau. ■ Havlíčkovy sady 1, Tel. 725 999 495, www.vinicni-altan.cz

40 Platz des Friedens
Náměstí Míru

Anmutiges Herzstück Vinohradys mit Straßenzügen à la Paris

■ Metro A, Tram 10, 13, 16, 22, 23, 91, 97, 99 (Náměstí Míru)

Den Platz am oberen Ende der Jugoslávská dominiert die Kirche der hl. Ludmilla, durch die markanten Doppeltürme und Lage auf dem Hügel weithin sichtbar. Beeindruckende Gebäude wie das Theater in den Weinbergen und typische Bürgerhäuser des ausgehenden 19. Jh. verleihen ihm und seiner Umgebung den Charme großstädtisch-bürgerlicher Noblesse. In den Häuserzeilen und -blocks südlich und östlich des Platzes (Belgická, Londýnská, Lužická) fühlt man sich an Paris erinnert. Schicke Cafés vervollständigen den Eindruck.

Sehenswert

St. Ludmilla
| Kirche |
Die Kostel sv. Ludmily mit ihren 60 m hohen Türmen wurde 1888–1892 nach

»Vinični altán« – Restaurant am Weinberg in den Havlíček-Gärten

Plänen von Josef Mocker errichtet. Plastiken von Josef Myslbek über dem Eingangsportal zeigen den hl. Wenzel und die Namensgeberin. Ein Blickfang ist die riesige Fensterrose.

■ Náměstí Míru 2, www.ludmilavinohrady.cz

Theater in den Weinbergen

| Theater |

Das Theater (Divadlo na Vinohradech) erhebt sich imposant an der Nordseite des Náměstí Míru. Der Jugendstil-Bau wurde 1907 in der damals eigenständigen Gemeinde Královské Vinohrady (S. 86) eröffnet.

■ Náměstí Míru 7, 224 257 601, www.divadlonavinohradech.com

Cafés

Dobrá trafika Eine von drei »guten Trafiken« in Prag. Wer den Ladentisch rechts liegen lässt, erblickt schon bald den heimeligen Gastraum und kleinen Innenhof. ■ Korunní 42, Tel. 737 907 635, www.dobratrafika.cz, Mo–Fr 7.30–23, Sa 8–23, So 9–23 Uhr

Einkaufen

Gram Records Kleiner Vinyl-Plattenladen mit breitem Spektrum, der auch die nötige Technik liefert. ■ Lužická 31, Tel. 603 775 565, www.gramrecords.cz, Mo–Fr 13–19, Sa 10–16 Uhr

ADAC Mittendrin

Eintauchen ins Kulturleben, ehrwürdige Theater besuchen – und alles verstehen? Beim **Prager Theaterfestival deutscher Sprache** (S. 126) im Spätherbst ist das möglich, u. a. im Theater in den Weinbergen. Anspruchsvolle Produktionen aus dem deutschsprachigen Raum sind, tschechisch übertitelt, auch beim Prager Publikum beliebt. Vorverkauf ab Ende Oktober.
www.theater.cz/de

Am Abend

Das Gebiet rund um den Fernsehturm gehört zu den beliebtesten Ausgehvierteln Prags. Clubs, Bars und Cafés locken ein junges, internationales Publikum. Aber auch ein paar alte Kult-Kneipen gehören zum Straßenbild. Der alternative und teils etwas schmuddelige Charakter verleiht dem Viertel speziellen Charme. In Vinohrady geht es etwas nobler zu. Teure Restaurants, Wein-Bars und renommierte Theaterhäuser verweisen auf eine zahlungskräftigere Klientel. An den südlichen Rand Vinohradys grenzt die Krymská-Straße, in der sich die Hipster verabreden.

Konzerte

Palác Akropolis Alternativer Musikclub mit internationalen Bands (Folk, Independent, Rock). ■ Kubelíkova 27, Tel. 296 330 911, www.palacakropolis.cz, Tram 5, 9, 15, 26, 95, 98 (Viktoria Žižkov)

Kneipen, Bars und Clubs

Bad Flash Bar Trendiges Lokal mit großer Auswahl an Bieren aus aller Welt. ■ Krymská 2, Tel. 737 916 870, www.badflash.cz, tgl. 17–1 Uhr, Tram 13, 22, 97, 99 (Krymská)

Boudoir Gemütliche Queer-Bar mit leckeren kleinen Gerichten. ■ Francouzská 50, www.boudoir.cz, tgl. 17–1 Uhr, Tram 13, 22, 97, 99 (Jana Masaryka)

Bukowski's Liebevoll eingerichtete Bar, Hotspot der Prager Expats. Am Wochenende sehr gut besucht. ■ Bořivojova 86, Tel. 222 212 686, tgl. 19–3 Uhr, Tram 5, 9, 15, 26, 95, 98 (Lipanská)

Bullerbyn Stilvolle, moderne Bar. Hier trifft sich eine modebewusste, etwas gesetztere Klientel. ■ Chodská 17, Tel. 702 093 992, www.bullerbyn.cz, tgl. 11–1 Uhr, Tram 10, 16, 91 (Šumavská)

Café V lese Im ehem. Dissidenten-Buchladen etablierte sich der erste Alternativkultur-Betrieb des Viertels. Entspannte Atmosphäre in der Bar, im Keller finden Partys und Konzerte kleinerer Bands statt. ■ Krymská 12, Tel. 720 410 703 (10–18 Uhr), www.cafevlese.cz, Mo–Sa 16–2, So 16–24 Uhr, Tram 13, 22, 97, 99 (Krymská)

Café Sladkovský Hübsch dekorierte Café-Bar mit Burgern und Snacks. Brunch am Wochenende. Durchmischtes Publikum. ■ Sevastopolská 17, Tel. 776 772 478, www.cafesladkovsky.cz, Mo–Do 16.30–24, Fr, Sa 16.30–1, So 11–24 Uhr, Tram 13, 22, 97, 99 (Krymská)

Oblaca Bar Bar im Fernsehturm (S. 89). Originelle Cocktails und gute Drinks in edlem Ambiente. ■ Mahlerovy sady 1, Tel. 210 320 086, www.towerpark.cz/oblaca, Mo–Mi 17–24, Do–So 9–24 Uhr, Metro A, Tram 11, 13 (Jiřího z Poděbrad)

Střecha Radost Auf der Dachterrasse des funktionalistischen Hochhauses aus den 30ern legen gelegentlich DJs auf. Grandiose Aussicht. ■ Nám. Winstona Churchilla 2, Tel. 778 048 853, tgl. 12–23.30 Uhr, Tram 5, 9, 15, 26, 95, 98 (Viktoria Žižkov)

Vlkova 26 Mischung aus Bar und Club. Hier tanzt junges Publikum zu Elektro-Klängen. ■ Vlkova 26, Do–Sa 21–6 Uhr, Tram 5, 9, 15, 26, 95, 98 (Viktoria Žižkov)

Übernachten

Žižkov, wo sich junge Touristen ins Nachtleben stürzen, verfügt über viele Mittelklasse-Hotels und Niedrigpreis-Hostels. Kehrseite der Medaille: die hohe Betriebsamkeit in den Straßen – teilweise rund um die Uhr. Das ist nicht jedermanns Sache. Will man lieber in gemächlicheren Ecken übernachten, so bietet Vinohrady dafür einige passende Hotels an.

€

Claris Hotel Schlichte Unterkunft ohne Schnickschnack mitten in Vinohrady mit toller Nahverkehrsanbindung. ■ Slezská 26, Tel. 222 539 539, claris.hotel.cz

Hotel Olšanka Das Ende 80er Jahre errichtete Hotel zwischen Vítkov-Hügel und Olschaner Friedhöfen überzeugt mit komfortablen Zimmern sowie einem großen Wellness- und Sportangebot. Zu dem Komplex gehören u.a. fünf Saunen, eine Badmintonhalle und ein Schwimmbecken. ■ Táboritská 23, Tel. 267 092 202, www.hotelolsanka.cz

€€

Design Merrion Hotel Viersternehaus mit einfach, aber chic gestalteten Zimmern, gutem Frühstücksbüfett und für Žižkov ruhiger, etwas dezentraler Lage. ■ Jeseniova 49, Tel. 225 384 500, www.merrionhotel.cz

Fleur de Lis Das Viersternehotel bietet geräumige Zimmer und aufmerksamen Service. Gute Preise angesichts des gebotenen Komforts. ■ Slezská 55, Tel. 705 350 250, www.fleurdelis-hotel.cz

Hotel Ametyst Modernes, sehr komfortables Viersternehaus in der Nähe der Havlíček-Gärten (S. 92). Ruhig und doch zentral. ■ Jana Masaryka 11, Tel. 222 921 921, www.hotelametyst.de

Hotel Anna Schlichtes kleines Familienhotel mit guter Verkehrsanbindung. Der zentrale Náměstí Míru (S. 92) liegt nur drei Minuten entfernt. ■ Budečská 17, Tel. 222 513 111, www.hotelanna.cz

Hotel Theatrino Am Ende der Bar-Meile Bořivojova mit Speisesaal in einem ehem. Jugendstil-Theater. Ideal für eine jüngere Klientel mit Komfortanspruch. ■ Bořivojova 53, Tel. 227 031 894, www.hoteltheatrino.cz

Mamaison Hotels & Residences Tolle Studios und Suiten in schöner, zentrumsnaher Lage. ■ Belgická 12, Tel. 221 401 800, www.mamaisonbelgicka.com

Hier wurde früher Theater gespielt: Frühstückssaal des Hotel Theatrino

Holešovice und Letná – Von Fluss und Parks umsäumt

Der Norden Prags lockt mit tollen Museen, vielen schönen Cafés und herrlichen Parkanlagen

Der siebte Prager Verwaltungsbezirk innerhalb der großen innerstädtischen Moldauschleife ist vom Zentrum aus bequem zu Fuß erreichbar. Er umfasst u. a. den Stadtteil Holešovice und die höher gelegene Ebene Letná. Wo einst Schornsteine von Industrieanlagen die Luft verpesteten, tummeln sich heute Kreative in Ateliers und auf Designer-Flohmärkten. In den Parks Letná und Stromovka verbringen die Prager ihre Freizeit. Und in den Museen und Galerien finden Interessierte Werke bedeutender moderner und zeitgenössischer Künstler. Das Viertel durchlebt seit einigen Jahren einen Wandel. Die stolzen Gründerzeit-Häuser auf der Letná-Ebene werden genauso renoviert wie die alten Arbeiter-Wohnkasernen im Osten. Die Folge sind steigende Mietpreise und die Zuwanderung einkommensstarker Schichten. Kein Wunder, dass ein Szene-Café nach dem anderen eröffnet. Das Viertel ist aber immer noch gut durchmischt und bildet einen sozialen Querschnitt des heutigen Prager Stadtlebens ab.

In diesem Kapitel:

ADAC Top Tipps:

Messepalast
| Museum |
Der funktionalistische Hauptsitz der Nationalgalerie allein ist schon einen Besuch wert. Noch beeindruckender sind die darin ausgestellten Werke weltbekannter Künstler des 19. bis 21. Jahrhunderts. 100

Letná
| Park |
Den größten Teil des Letná-Hügels macht der gleichnamige Park Letenské sady aus. In und entlang der Grünanlage begegnet man viel Geschichte und Kultur sowie dem vielleicht schönsten Panoramablick auf die Stadt. 102

ADAC Empfehlungen:

DOX – Zentrum für zeitgenössische Kunst

| Museum |

Renommiertestes Zentrum für aktuelles Kunstschaffen. 99

U Veverky

| Restaurant |

Uriges Lokal mit guter böhmischer Küche im Viertel Bubeneč. 105

Bar Stalin

| Bar |

Kultur-Sommer-Bar im Sockel des ehemaligen Stalin-Denkmals. 107

41 Prager Markt
Pražská tržnice

Großes Marktgelände mit vielseitigem, auch kulturellem Angebot

■ Metro C (Vltavská); Tram 1, 6, 12, 14, 17, 25 (Holešovická tržnice)
■ Bubenské nábřeží 13, Tel. 220 800 592, www.prazska-trznice.cz

Das Gelände des ehem. Zentralschlachthofs wurde Ende des 19. Jh. bebaut. Ein Dutzend denkmalgeschützter Neorenaissance-Pavillons bergen neben einem Obst-, Kleider-, Elektronik- und Asia-Markt Restaurants, Clubs und zwei Theater. Hier kaufen Prager ihre Lebensmittel ein oder suchen an von vietnamesischen Einwanderern betriebenen Ständen nach Schnäppchen. In Halle 7 befindet sich die Spielstätte des »Cirk La Putyka«. Das Ensemble legt seinen Fokus auf Artistik, Theaterkunst und Live-Musik, ganz im Zeichen des Cirque Nouveau.

Sehenswert

Vnitroblok
| Künstlerquartier |
Eine Häuserreihe vom Markt entfernt trifft sich die kreative Jugend Prags im Vnitroblock, um Kunst aus- und herzustellen, sich auszutauschen, Polit-Diskussionen zu folgen oder im Café einen Espresso zu trinken. Das Kulturzentrum im ehem. Industriekomplex gehört zum Spannendsten, was die progressiv-urbane Szene Prags zu bieten hat.
■ Tusarova 31, Tel. 732 373 069, tgl. 9–22 Uhr

Der Park Stromovka, eine der größten und beliebtesten Grünanlagen Prags

Parken

Im Nordteil des Marktgeländes befinden sich entlang der Jateční-Straße zwei große Parkplätze, wo man auch über Nacht parken kann. ■ Erste Stunde gratis, dann 50 CZK/Std.

42 DOX – Zentrum für zeitgenössische Kunst

Centrum současného umění

Tschechiens renommiertestes Museum für Gegenwartskunst

■ Tram 6, 12, 17, 93, 94 (Ortenovo nám.)
■ Poupětova 1, Tel. 295 568 123, www.dox.cz, Mi–So 12–18 Uhr, 280 CZK, erm. 130 CZK

Seit 2008 ergänzt das DOX die reiche Kunstszene der Stadt mit dem Anspruch, unterschiedlichste Sparten unter einem Dach zu vereinigen. Den Löwenanteil machen Beiträge zeitgenössischer bildender Kunst aus. Aber auch multimediale Ausstellungen, Literatur- und Musikveranstaltungen sowie Workshops erhalten in dem großen Gebäude regelmäßig ihren Platz. Innerhalb kürzester Zeit machte sich das DOX auch international einen Namen als dynamische Plattform progressiver Gegenwartskunst.

Parken

Bewachter Parkplatz in der Jankovcova, ca. 200 m westlich des DOX. ■ Zwischen Cross Club (S. 106, Ecke Plynární/Argentinská) und Bahnhof Holešovice, www.parkingpraguecentrum.cz, 20 CZK/Std., 150 CZK/12 Std., 250 CZK/Tag

Ein luftiger Zeppelin dient dem DOX als Veranstaltungsraum

43 Messegelände

Výstaviště Praha

Messe- und Freizeitgelände mit angrenzendem ehemals kaiserlichen Wildpark

■ Výstaviště 67, Tram 6, 12, 17, 27, 93, 94 (Výstaviště Holešovice)
■ www.navystavisti.cz

Im Norden von Holešovice erstreckt sich auf rund 36 Hektar das weitläufige Messe- und Freizeitgelände Výstaviště Praha, das 1891 anlässlich der Prager Jubiläumsausstellung angelegt wurde. Im Mittelpunkt steht der imposante Industriepalast (Průmyslový palác), der seit Anfang 2022 komplett restauriert wird. Die Architekten Bedřich Münzberger und František Prášil lebten ihre Kreativität auf rund 240 m Jugendstil-Pracht aus – mit einem Hauch Neobarock. Das Areal dient Messen

Messepalast – lichtdurchfluteter Funktionalismus über sechs Etagen

sowie verschiedenen Veranstaltungen aus den Bereichen Kultur und Sport. In der bis zu 10 000 Zuschauer fassenden Sportovní hala Fortuna finden hin und wieder Konzerte statt, hinter dem Industriepalast lockt die »Matthäus-Kirmes« (Matějská pouť) im Frühjahr mit vielen Fahrgeschäften.
Im Westen schließt sich der größte Park Prags an. Stromovka (Baumgarten), das ehemalige Jagdgelände der Könige und Kaiser, gilt vielen Pragern als schönste Grünanlage, erst recht nach der Sanierung. Teichanlagen, Wege, ein Restaurant mit Spielplatz und ein zusätzlicher Veranstaltungsort (Šlechtovka, Neueröffnung voraussichtlich im Sommer 2024) machen es zu einem beliebten Ausflugsziel. Gleich zu Beginn des Parks beim Messegelände bietet das städtische Planetarium auch Programme auf Englisch an (wegen Renovierung bis voraussichtlich Herbst 2024 geschlossen).

Parken

Zwischen dem Bahnhof Holešovice und der Brücke Hlávkův most, etwa fünf Gehminuten vom Messegelände entfernt, befindet sich ein günstiger und bewachter Parkplatz. ■ A–Z parkoviště, Železničářů 9, 30 CZK/Std., 180 CZK/Tag

44 Messepalast
Veletržní palác

Alter Messepalast mit Sammlung moderner Kunst

■ Tram 6, 17, 27, 93, 94 (Veletržní palác)
■ Dukelských hrdinů 47, Tel. 224 301 122, www.ngprague.cz, Di–So 10–18, 1. Mi im Monat bis 20 Uhr, 250 CZK, erm. 140 CZK

Egal ob man die nüchterne Formsprache des Funktionalismus mag oder nicht: Der Messepalast in Holešovice lässt keinen gleichgültig. Im Inneren machen die offenen, sich über sechs Etagen erstreckenden Galerien und das Glasdach einen Besuch dieses Kunsttempels zu einem wahrhaft sinnlichen Erlebnis. Schlichte Eleganz und Leichtigkeit dominieren dank durchgehender Fensterfronten auch die Fassade des Baus, der angeblich den Stararchitekten Le Corbusier in Staunen versetzte. 1974 brannte das Gebäude nieder. Nach dem Wiederaufbau übernahm die Nationalgalerie den Palast. Auf über 20 000 m² sind im Museum für moderne und zeitgenössische Kunst Werke vom späten 19. Jh. bis in die Gegenwart zu sehen, darunter Gemälde von Pablo Picasso, Marc Chagall, Oskar Kokoschka oder Gustav Klimt. Hier logiert auch das Theater Studio Hrdinů (S. 106). Kunstfreunde sollten sich im Voraus gut informieren, was sie anschauen wollen oder besser gleich zwei Tage für den Besuch der imposanten Sammlung einplanen.

45 Strossmayerplatz
Strossmayerovo náměstí

Das lebhafte Zentrum eines Viertels im Aufbruch

■ Metro C (Vltavská); Tram 1, 6, 8, 12, 17, 25, 26, 27, 91, 93, 94, 96 (Strossmayerovo nám.)

Architektonisch zählt der Strossmayerplatz nicht zu den herausragenden Plätzen der Stadt, obwohl ihn einige stattliche Bürgerhäuser säumen, wie das Jugendstil-Eckhaus an der Abzweigung zur Janovský-Straße. Die neogotische Kirche des hl. Antonius von Padua (Kostel sv. Antonína z Padovy) von 1911 dominiert das umliegende Viertel mit ihren beiden über 60 m hohen Türmen. Die eindrücklichsten Bauwerke stehen an der Westseite der am Platz anschließenden Verkehrsachse Dukelských hrdinů. Hier kann man einige der schönsten Neorenaissance-Gebäude Prags mit prächtigen Sgraffiti bewundern. In der Straße Františka Křížka steht ein funktionalistischer Gebäudekomplex, in dem das Programmkino Bio Oko logiert (siehe »Das besondere Kino«, S. 106). Seit einigen Jahren machen zahlreiche neue Kleinkunst-Galerien, Cafés und Bars die Gegend rund um den »Štros« zu einem Treffpunkt trendbewusster Stadtbewohner.

Cafés

Kavárna Liberál Vertreter der neuen, trendigen Kaffeehaus-Szene, allerdings sozial gut durchmischt und authentisch. Günstige Speisen, guter Kaffee. ■ Heřmanova 6, Tel. 732 355 445, Mo–Fr 8–24, Sa 9–24, So 10–24 Uhr

Der Strossmayerplatz mit Kirche St. Antonius – Zentrum in Holešovice

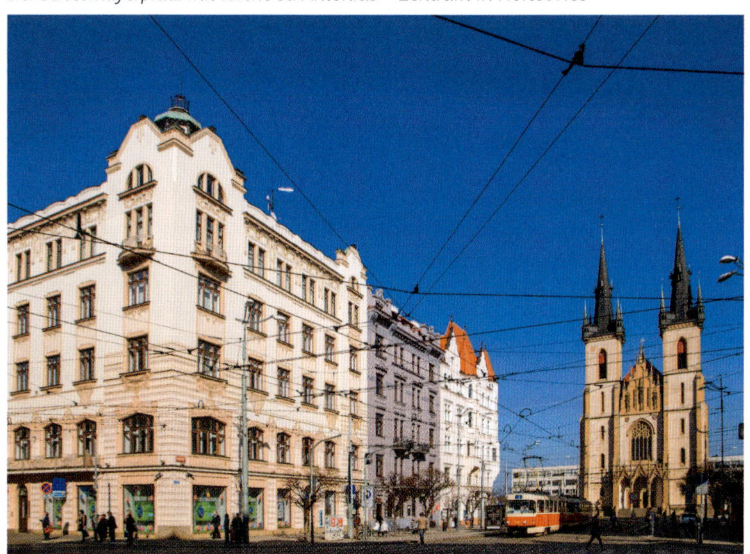

46 Letná

Geschichte und Kultur mit wunderschönem Panoramablick

Fluchtpunkt im Letná-Park: Prager Metronom als Symbol des Wandels

Information

- Metro A (Hradčanská); Tram 1, 8, 12, 25, 26, 91, 96 (Letenské náměstí)
- Parken: siehe S. 105

Freizeitpark mit gutem Museums- und Gastro-Angebot

Hoch über der Moldau und nur einige Hundert Meter nordöstlich der Prager Burg erstreckt sich Letná – Stadtviertel und Name einer weitläufigen Ebene (Letenská pláň). Im nördlichen Bereich, der an den Stromovka-Park und das Viertel Bubeneč grenzt, säumen chic renovierte Häuser der Wende vom 19. zum 20. Jh. die begrünten Straßenzüge mit zahlreichen Restaurants und Cafés. In Richtung Süden trifft man bald auf eine riesige Freifläche, auf der zu sozialistischen Zeiten häufig Massenaufmärsche stattfanden. Dahinter, in Richtung Innenstadt, folgt der Letná-Park (Letenské sady). Ein Spaziergang durch die Anlage gehört zu den Höhepunkten eines Prag-Besuchs. Mit ihrer Mischung aus begehbarer Zeitgeschichte, kulturellen Angeboten und lebendigem Treiben in einer der schönsten Grünanlagen der Stadt übt sie einen ganz besonderen Reiz aus.

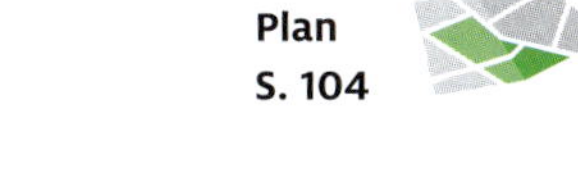
Plan
S. 104

Sehenswert

a Pavillon der Expo 58

| Architektur |

1958 begeisterte der tschechoslowakische Pavillon der Weltausstellung in Brüssel Publikum und Experten. Fast durchgehend verglast, gewann er damals den Hauptpreis. Danach wurde der extravagante Bau nach Prag gebracht, wo er im Letná-Park ein dauerhaftes Zuhause fand. Heute beherbergt der Pavillon neben Büroräumen eine kleine Galerie und ein Café mit Terrasse.

■ Letenské sady 80, Café tgl. 9.30–19.30, Galerie Di–So 10–18 Uhr

b Nationales Technikmuseum

| Museum |

Das Nationale Technikmuseum (Národní technické muzeum) gehört zu den beliebtesten Museen des Landes. Groß und Klein können sich in dem mächtigen Gebäude der 1930er an Exponaten aus der Welt der Mobilität erfreuen. Alte Rolls-Royce und Škodas aus der Pionierzeit der Autoindustrie reihen sich an Spitfire-Flugzeuge aus dem Zweiten Weltkrieg und Dampflokomotiven des 19. Jh. Auch Wechselausstellungen (moderne Kommunikation, Geschichte, Fotografie) finden Platz im Programm des Hauses. In der zweiten Etage des Technikmuseums können kleine Besucher im Spieleraum »Herna Merkur« ihre Talente im Bereich Architektur und Ingenieurwesen testen.

Im Nachbargebäude ist das Nationale Landwirtschaftsmuseum (Národní zemědělské muzeum) untergebracht.

■ Kostelní 42, www.ntm.cz, Di–So 9–18 Uhr, 280 CZK, erm. 150 CZK

c Letná-Schlösschen

| Prachtbau |

Am oberen Ende der Kostelní-Straße steht das Letná-Schlösschen (Letenský zámeček). Trotz Verniedlichungsform: Das Neorenaissance-Gebäude von 1863 ist von stattlichem Umfang und wird daher häufig von Festgesellschaften gemietet. Der italienische Einfluss des Baus zieht sich auch im Menü des hauseigenen Restaurants »Brasserie Ullmann« in Form gehobener mediterraner Küche fort. Im davorgelegenen Biergarten darf man selbst Mitge-

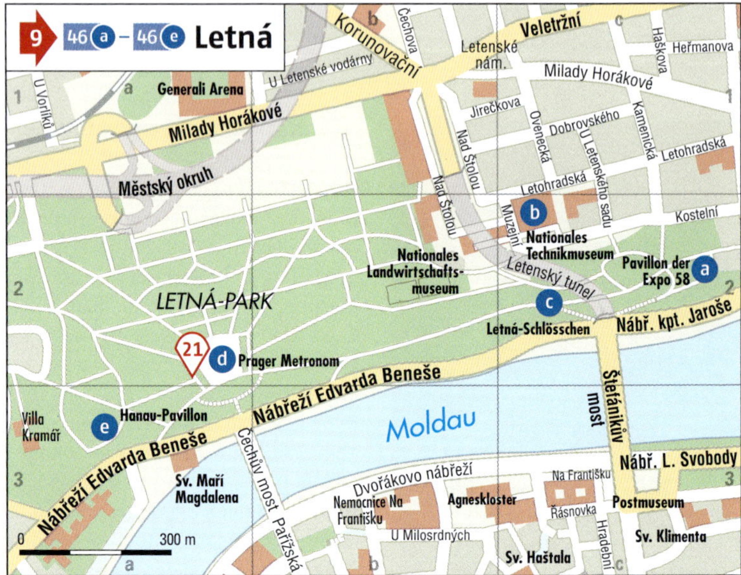

brachtes und Bier im Offenausschank vom nahen Kiosk konsumieren. Gerahmt vom Grün der Bäume, erscheint das Stadtpanorama vor allem bei Nacht wie eine fantastische, beinahe surreale Theaterkulisse – ein traumhafter Blick auf die Goldene Stadt!

■ Letenské sady 341, 233 378 200, www.letenskyzamecek.cz

d Prager Metronom

| Kunstwerk |

Zentraler Fluchtpunkt des Letná-Parks ist die Aussichtsplattform über der Čech-Brücke (Čechův most). Wo früher ein Stalin-Denkmal stand (siehe »Wussten Sie schon?«, rechts), bewegt sich seit 1991 ein riesiges Metronom von Vratislav Karel Novák als Symbol des Wandels. Darunter üben junge Skateboarder ihre Tricks auf den Stein- und Marmorplatten. Der monumentale Treppenaufgang und der Denkmalsockel befinden sich in direkter Linie mit der Pariser Straße auf der gegenüberliegenden Moldau-Seite. So kann man von der Pariser Straße aus bis zur Spitze des Letná-Hügels schauen. Viele professionelle Fotografen stellen hier ihr Stativ auf – der Anblick eröffnet das klassische Postkartenmotiv. In

ADAC Wussten Sie schon?

Wo sich heute das Metronom befindet, stand 1955–1962 die größte **Stalin-Statue** außerhalb der Sowjetunion, samt Plastik, Sockel, Plattform und Treppe zur Verherrlichung des Diktators. Bildhauer Otakar Švec litt derart unter der zweifelhaften Ehre dieses Auftrags sowie Hass- und Drohbriefen, dass er noch vor Einweihung Selbstmord beging. Die gigantische Statue (fast 16 m) wurde im Zuge der Entstalinisierung gesprengt.

den Sommermonaten beherbergt der Ort seit einigen Jahren eine abends gut besuchte Bar (S. 107).

Hanau-Pavillon

| Architektur |

Der Hanau-Pavillon (Hanavský pavilon), anlässlich der Jubiläumsausstellung 1891 errichtet, wurde sieben Jahre später an diese prominente Stelle verfrachtet. Seither setzt der Jugendstil-Bau mit seinen barockisierenden Elementen den architektonischen Endpunkt des Parks. Einige Treppenstufen darunter deklariert ein Schild die fantastische Aussicht sogar als Nationales Kulturgut. Der Pavillon beherbergt heute ein Restaurant.

■ Letenské sady 173, Restaurant: Tel. 725 944 889, www.hanavsky-pavilon.cz

Parken

Zwischen Technikmuseum und Park kann man Autos auf einem umzäunten, bewachten Platz abstellen. ■ Kostelní 44, Tel. 736 100 920, 60 CZK/Std., Plan S. 104 c2

Restaurants

€€ | **Peperoncino** Hervorragendes Lokal mit überwiegend mediterraner Küche. Im Sommer mit schöner Gartenterrasse im Innenhof. ■ Letohradská 34, Tel. 233 312 438, www.restaurant-peperoncino.cz, Plan S. 104 c1

20 €€ | **U Veverky** Uriges und traditionelles böhmisches Restaurant. Das vor allem von Einheimischen gut besuchte Lokal liegt bereits im Nachbarviertel Bubeneč in der Nähe der Metro-Station Hradčanská. ■ Eliášova 14, Prag 6, Tel. 603 781 997, www.uveverky.com, Plan S. 104 nordwestl. a1

€€ | **Vegtral** Kellerrestaurant, das auch über Tische im Freien verfügt. Auf der Karte stehen fleischlose Suppen, Burger und Tortillas. ■ Čechova 12, Tel. 777 794 091, www.vegtral.cz, Plan S. 104 b1

Cafés

Cukrárna Alchymista Café mit exzellenter Torten- und Kuchenauswahl und einer hübschen kleinen Gartenterrasse. ■ Jana Zajíce 7, Tel. 732 938 046, www.alchymista.cz, Plan S. 104 a1

Letka Café-Bar eines Kleintheaters. Mit originellen Snacks, Drinks, netter Bedienung und gutem Cappuccino. ■ Letohradská 44, Tel. 777 444 035, www.cafeletka.cz, Plan S. 104 c1

Kinder

Spielplatz Am Rand des Parks, nahe dem Expo-Pavillon, steht ein Spielplatz mit modernen Kletterelementen für Kinder aller Altersstufen.

Hanau-Pavillon im Jugendstil

Am Abend

In dem lange als schön, aber verschlafen geltenden Viertel Holešovice und dessen Teil Letná steigt mit Zuzug von Studenten, Künstlern und Jungunternehmern die Zahl der Cafés und Bars. Der Cross Club im Norden ist seit über 20 Jahren Kultur-Pionier des Viertels. An lauen Sommerabenden empfiehlt sich der Letná-Park mit Biergarten und Stalin-Bar als Ausgehziel.

Bühne

Cirk La Putyka In einem ehem. Schlachthaus präsentiert das Ensemble Cirk La Putyka fast tgl. einzigartige Akrobatikshows. Aber auch Schauspiel, Tanz und Musik kommen nicht zu kurz. ■ Prager Markt (Hallen 7–8), Bubenské nábř. 13, Tel. 222 703 070 (Tickets), www.laputyka.cz/en, www.jatka78.cz/en, Tram 1, 6, 12, 14, 17, 25 (Holešovická tržnice)

Studio Hrdinů Junge, prämierte Bühne für Drama und Performance im Messepalast. Neben tschechischen Stücken auch ausländische Gastspiele und nonverbale Aufführungen. ■ Veletržní palác, Dukelských hrdinů 47, Tel. 775 290 483, www.studiohrdinu.cz, Tram 6, 17, 27, 93, 94 (Veletržní palác)

Kneipen, Bars und Clubs

Bar Cobra Geräumige Bar mit großer Spirituosen-Auswahl. Minimalistisches Dekor mit unverputzten Wänden und hippes Publikum. ■ Milady Horákové 8, Tel. 777 355 876, www.barcobra.cz, Mo 11.30–24, Di–Do 11.30–1, Fr 11.30–2, Sa 10–2, Tram 1, 6, 8, 12, 17, 25, 26, 27, 93, 94, 96 (Strossmayerovo nám.)

Cross Club Konzept-Club mit spektakulärem Design. Maschinenelemente, die sich bewegen, verleihen dem Ort eine ganz eigene, seltsame Atmosphäre. Regelmäßige Konzerte, schöne Terrasse und gute Küche. Am Wochenende eher junges Publikum. ■ Plynární 23, Tel. 736 535 010, www.crossclub.cz, Café tgl. 12–23, Club So–Do

ADAC Das besondere Kino

Tschechien ist Kinoland, und die Prager lieben ihre Lichtspieltheater, wie das stilvolle und originelle Programmkino **Bio Oko** in Holešovice. Auf Kinosesseln, Liegestühlen oder Sandsäcken verteilt sich das Publikum im charmanten, in die Jahre gekommenen Projektionssaal. Filme sind oft englisch untertitelt. In der Bar gibt es gutes Bier und Snacks. *Františka Křížka 15, Tel. 233 382 606, www.biooko.net*

18–5, Fr, Sa 18–7 Uhr, Metro C, Tram 6, 12, 17, 93, 94 (Nádraží Holešovice)

Koštovna U Počtů Populäre Weinbar mit großer Auswahl. Zu den edlen Tropfen gibt es Snacks. ■ Milady Horákové 47, Tel. 725 340 505, www.kostovna.cz, Mo–Fr 14–1, Sa 17–1, So 17–23 Uhr, Tram 1, 8, 12, 25, 26, 91, 96 (Kamenická)

Lajka Das ruhige Eckcafé am Stromovka-Park verwandelt sich abends in ein Bierlokal. Die Frischgezapften sind selbstgebraut. ■ U Akademie 11, Tel. 608 906 354, www.pivovarlajka.cz, Mo–Fr 10–24, Sa, So 12–24 Uhr, Tram 1, 8, 25, 26, 91, 96 (Letenské nám.)

21 **Bar Stalin** Die Sommerbar unter dem Metronom (S. 104) im Letná-Park ist einer der Ausgeh-Hotspots der Stadt. Manchmal gibt es auch Konzerte. ■ Letenské sady, www.stalinletna.cz, Mai–Sept. Mo–Fr 14–24, Sa, So 12–24 Uhr, Tram 15, 17, 27, 93 (Čechův most)

Übernachten

Holešovice und Letná bieten wenig Übernachtungsmöglichkeiten. Dabei verbinden hier einige Hotels schöne Zimmer mit angenehmem Service. Wer zentrumsnah nächtigen möchte, den schreckt die vermeintlich ungünstige Lage jenseits der Moldau. Dabei ist es von West-Holešovice nur ein Katzensprung in die Altstadt.

€

Minimino Hotel Wer sparen will, ist hier richtig. Sehr günstige Angebote für kleine, spartanische Zimmer bei freundlichem Service. In direkter Nachbarschaft zum Messegelände, nur wenige Minuten vom Bahnhof Holešovice entfernt. ■ U Výstaviště 1, Tel. 777 309 218, www.minimino.cz

Sir Toby's Hostel Kleines Hostel in Holešovice mit einigen geschmackvoll eingerichteten Einzel- und Doppelzimmern. Ein Geheimtipp, wenn auch etwas dezentral. ■ Dělnická 24, Tel. 210 011 600, www.sirtobys.com

Art Hotel Praha Moderne Standardeinrichtung mit einem kleinen Extra unspektakulärer Gegenwartskunst. Es überzeugen die schöne und ruhige Lage nahe dem Stromovka-Park und eine schicke Terrasse. ■ Nad Královskou oborou 53, Tel. 608 340 356, www.arthotel.cz

Belvedere Hotel Prague Viersterne-Etablissement mit sehr ordentlichen Zimmern und tollem Service. Toplage im Herzen des Viertels mit seinen vielen Cafés und Bars. Und der Letná-Park ist nur drei Minuten entfernt. ■ Milady Horákové 19, Tel. 220 106 111, www.hotelbelvedereprague.cz

Hotel Boutique Absolutum Die Zimmer sind tadellos, modern und elegant. Zum Haus gehört ein kleiner Wellness-Bereich mit Sauna. Abstriche macht man bei der nicht wirklich schönen Umgebung. ■ Jablonského 4, Tel. 222 541 406, www.absolutumhotel.cz

Mama Shelter Modernes familienfreundliches Hotel mit Dachterrasse. Restaurant mit internationaler Küche und Bar befinden sich im Gebäude. ■ Veletržní 20, Tel. 225 117 111, www.mamashelter.com/praguee

Abseits der Innenstadt und rund um Prag

Die Goldene Stadt glänzt auch außerhalb des Zentrums mit interessanten Ausflugszielen

Abseits des Stadtzentrums findet man ehemalige Adelssitze, historische Klosteranlagen und tolle Parks. Einen Besuch der alten Fürstenburg Vyšehrad auf einem Felsvorsprung oberhalb der Moldau sollte man bei einem Prag-Besuch unbedingt mit einplanen. Aber auch weiter entfernt liegende Sehenswürdigkeiten kann man mit dem öffentlichen Nahverkehr problemlos erreichen. Als Land der Burgen und Schlösser dürfte Böhmen nicht nur für Geschichtsinteressierte reizvoll sein.

In diesem Kapitel:

ADAC Top Tipps:

Vyšehrad

| Burg |

Zum alten Königssitz mit nationalem Ehrenfriedhof aus dem 19. Jh. gehört auch eine mystisch-schöne Parkanlage. 112

ADAC Empfehlungen:

Schloss Troja

| Schloss |

Barocke Sommerresidenz mit Kunstgalerie und französischem Garten. Daneben liegt ein sehenswerter Zoo. 110

Divoká Šárka

| Naherholungsgebiet |

Baden und Spazierengehen inmitten von Felsformationen. 111

Burg Karlstein

| Burg |

Die mittelalterliche Burg und viel besuchte Touristenattraktion diente einst als Schatzkammer für die Reichskleinodien. 114

25

Hotel International Prague

| Hotel |

Prunkvolles Hotel mit dem skurrilen Charme seiner Entstehungszeit im Sozialistischen Realismus. 120

Spazierweg im Naturreservat der »Wilden Šárka« (Divoká Šárka)

47 Schloss Troja
Zámek Troja

Barockschloss mit Kunstgalerie in direkter Nachbarschaft zum Zoo

■ Tram 12, 17 (Trojská); Bus 112, 234 (Zoologická zahrada)
■ U Trojského zámku 4, Tel. 283 851 614, www.ghmp.cz/zamek-troja, April–Okt. Di–So 10–18, Fr 13–18 Uhr, Garten bis 19 Uhr, 150 CZK, erm. 20–60 CZK

Ende des 17. Jh. gab Graf Wenzel Adalbert von Sternberg eine Sommerresidenz im italienischen Barock samt französischem Park in Auftrag. Ihr Name bezieht sich auf die Figurengruppe an der mächtigen Freitreppe – Kampf der griechischen Götter gegen die Titanen. Später übernahm man die Bezeichnung für das ganze Viertel. Eine Zweigstelle der Stadtgalerie zeigt im Schloss Wechselausstellungen vom Barock bis zur Moderne. Den Kaisersaal zieren prächtige Wandmalereien und eine Habsburger Ahnengalerie.

ADAC Mobil

Höhenmeter überbrücken und dabei eine tolle Aussicht genießen kann man im Prager Zoo. Eine **Sesselbahn** kürzt die oft steilen Wege ab – ein Hauch von Wanderausflug in toller Lage direkt an der Moldau.

Sehenswert

Zoo Praha
| Tierpark |
Der 1931 eröffnete und über 58 Hektar große Zoo neben dem Schloss wird regelmäßig in der Liste der besten Tier-

gärten der Welt aufgeführt. Insgesamt sind hier fast 700 Arten zu Hause.

■ U Trojského zámku 3, www.zoopraha.cz, tgl. Nov.–Feb. 9–16, März 9–17, April, Mai, Sept., Okt. 9–18, Juni–Aug. 9–21 Uhr, 330 CZK, erm. 250 CZK, Online-Tickets etwas günstiger, Senioren ab 70 J. 1 CZK

Botanická zahrada Praha

| Botanischer Garten |

Nördlich des Schlosses erstreckt sich über den Südhang des Weinbergs und die Ebene darüber der Botanische Garten – 50 Hektar mit exotischer Flora. Dazu gehören ein japanischer Garten, Tropenhaus sowie ein kleines Weingut mit Weinlokal.

■ Trojská 196, www.botanicka.cz, tgl. Nov.–Feb. tgl. 9–16, März–Okt. tgl. 9–19 Uhr, 180 CZK, erm. 120 CZK, Senioren ab 70 J. 1 CZK

48 Divoká Šárka
Wilde Šárka

Naherholungsgebiet mit vielen Spazier- und Wanderwegen

■ Tram 20, 26, 91, Bus 119 (Divoká Šárka)

Sich in der pulsierenden Hauptstadt wie auf dem Land fühlen, das kann man im Naturreservat der »Wilden Šárka«. Die halbstündige Fahrt vom Zentrum lohnt sich vor allem im Sommer. Der gleichnamige Bach schlängelt sich durch malerische Felsformationen, die stellenweise an das Elbsandsteingebirge erinnern. Vom Stausee Džbán im Osten aus kann man auf die Hügel steigen oder den Bach entlangspazieren. Auch wenn das Erholungsgebiet ziemlich groß ist – dank guter Beschilderung und mehreren Lokalen kann man sich weder verlaufen noch verdursten.

ADAC Mittendrin

Das **Freibad Koupaliště Divoká Šárka** am westlichen Ende der Wilden Šárka besticht durch seine Schlichtheit. Kein Wasserpark-Firlefanz, sondern einfach zwei Becken mit etwas unkonventionellen Längen und gewöhnungsbedürftig niedrigen Wassertemperaturen, einigen Tischtennis-Platten, einem Kinderspielplatz und einer Imbissbude. Authentisch und wunderschön gelegen.

Šárecké údolí – Nebušice, Tel. 603 723 501, www.koupaliste-sarka.webnode.cz, während der Sommermonate tgl. 10–18 Uhr

49 Schloss Stern
Letohrádek Hvězda

Renaissance-Lustschloss mit einem weitläufigen Park

■ Metro A (Petřiny); Tram 1, 2, 91, 96, 97 (Sídliště Petřiny)

■ Obora Hvězda, Prag 6, Tel. 235 357 938, www.pamatniknarodnihopisemnictvi.cz, Apr.–Okt Di–So 10–18 Uhr, 120 CZK, erm. 70 CZK

Inmitten eines ehem. kaiserlichen Wildgeheges steht das Renaissance-Schloss Stern, entworfen von Erzherzog Ferdinand II. (1529–1595). Der Habsburger wählte als Grundriss die Form eines sechszackigen Sterns. Im Innern begeistern die Deckenstuckaturen der italienischen Baumeister mit mythologischen Motiven. Eine Ausstellung ist der Geschichte des Schlosses und der Schlacht am Weißen Berg gewidmet, der ersten großen Auseinandersetzung

Im Blickpunkt

Filmhochburg Prag

Die von Miloš und Václav Havel in den 1930er-Jahren gegründeten Barrandov-Studios gehören zu den größten Filmproduktionsstätten Europas. In den 1960ern und 1970ern entstanden hier populäre Märchenfilme und Kinderserien wie »Pan Tau« oder »Drei Haselnüsse für Aschenbrödel«. Nach der Wende folgte eine Flaute, bis Hollywood die Studios dank niedriger Produktionskosten entdeckte. An Prags renommierter Filmakademie FAMU studierte Tschechiens berühmtester Regisseur Miloš Forman (1932–2018). Mitte der 1960er-Jahre war er Mitglied der Neuen Tschechoslowakischen Welle, siedelte aber nach der Niederschlagung des Prager Frühlings in die USA über und erhielt für »Einer flog über das Kuckucksnest« und »Amadeus« jeweils einen Oscar.

des Dreißigjährigen Krieges, bei der die Katholiken das protestantische Böhmen mit dem Gegenkönig Friedrich von der Pfalz vernichtend schlugen. Als Folge verlor das Land drei Jahrhunderte seine Autonomie.

50 Stift Břevnov
Břevnovský klášter

Ältestes Benediktinerkloster auf böhmischem Gebiet

■ Tram 22, 25, 97 (Břevnovský klášter)
■ Markétská 28, Tel. 220 406 111, www.brevnov.cz

Die Erzabtei Břevnov wurde 993 vom Prager Bischof Adalbert und Herzog Boleslav II. etwas westlich von Prag gegründet. Rund um das Benediktinerkloster entstand Breunau (Břevnov), eine der frühesten und bedeutendsten Siedlungen der heutigen Hauptstadt. Im frühen 18. Jh. erfolgte der Ausbau des Stifts im Barockstil. Von der ehem. romanischen Klosterkirche (11. Jh.) ist nur noch die Krypta übrig, die bei Führungen durch die Anlage besichtigt werden kann. Das Gotteshaus des Stifts war 1986 Schauplatz der Totenmesse des Schriftstellers und Nobelpreisträgers Jaroslav Seifert. An dem denkwürdigen Begräbnis nahmen nicht nur zahlreiche Dissidenten teil, sondern auch mindestens genauso viele Agenten des Geheimdienstes.

Sport

Inlineskaten Südlich des Klosters findet man im Ladronka-Park eine abwechslungsreiche 3,4 km lange Inlineskating-Strecke. Rollschuhverleih vor Ort. ■ Ladronka, Tomanova 1, Tel. 601 584 223, www.ladronka.com, Verleih: März–Okt. Mo–Fr ab 13, Sa, So ab 11 Uhr

51 Vyšehrad

Sagenumwobene Burg mit Ehrenfriedhof und Park

■ Metro C (Vyšehrad); Tram 2, 3, 7, 17, 21, 27 (Výtoň); Tram 7, 14, 18, 24 (Albertov)
■ V Pevnosti 5b, Tel. 778 495 859, www.praha-vysehrad.cz

Auf einem Felsvorsprung hoch über der Moldau soll Prinzessin Libuše die Gründung einer Stadt vorausgesagt haben, »deren Ruhm bis an die Sterne reichen wird« (siehe »Wussten Sie schon?«, rechts). Die Geschichte um die Fürstentochter gehört ins Reich der Mythen, ebenso die Annahme, dass hier noch vor der Prager Burg die erste Herrscherresidenz der Stadt errichtet wurde. Historisch gesichert ist eine erste Befestigungsanlage nach 900. Böhmens erster König Vratislav II. verlegte im 11. Jh. seinen Sitz hierhin. Bereits im 12. Jh. kehrten die Könige auf die Prager Burg zurück. Im 14. und 17. Jh. wurde die vernachlässigte Anlage unter Karl IV. (S. 114) und Leopold I. zur Festung ausgebaut. Die unterirdischen Kasematten mit ihren langen Korridoren beherbergen heute einige Originalstatuen der Karlsbrücke (S. 40). Darüber liegen die Wehrgänge, die zu den beliebtesten Spa-

ADAC Wussten Sie schon?

Mit **Prinzessin Libuše** verbindet sich der Gründungsmythos Prags. Als Nachfahrin des Urvaters Čech heiratete sie den einfachen Pflüger Přemysl, gründete mit ihm die Herrscherdynastie der Přemysliden und prophezeite auf dem Vyšehrad die Gründung der Goldenen Stadt: Dort, wo man eine Schwelle zimmern werde, werde eine prächtige Burg entstehen. Das Wort Schwelle heißt auf Tschechisch »prah«, Prag (Praha) damit also die »Stadt an der Schwelle«. Heute verweisen monumentale Statuen von Josef Myslbek im Vyšehrader Park auf die Legende.

Ausflugsboot auf der Moldau vor dem Vyšehrad, der zweiten Prager Burg

Im Blickpunkt

Karl IV. – der alles überstrahlende Kaiser

Wenn heute in TV-Shows oder landesweiten Umfragen darüber abgestimmt wird, wer denn der größte aller Tschechen in der Geschichte war, landen nicht etwa Václav Havel, Tomáš Garrigue Masaryk oder gar Karel Gott regelmäßig auf dem ersten Platz, sondern Kaiser Karl IV. Als Sprössling des Luxemburgers Johann und seiner Přemysliden-Gemahlin Eliška fühlte er sich sowohl der deutschsprachigen als auch der slawischen Kultur nahe. 1346 wurde er mit 30 Jahren römisch-deutscher König, ein Jahr später König von Böhmen und 1355 römisch-deutscher Kaiser. Unter Karl IV. entfaltete sich Prag zur prächtigen Residenzstadt und erlebte einen bis dahin beispiellosen Aufschwung in Architektur, Kultur und Wissenschaft. Der Kaiser starb 1378 in seiner geliebten Heimatstadt.

zierwegen der Prager zählen. Eine Pause kann man im sympathischen Biergarten »Na hradbách« oder auf einer der vielen schönen Grünflächen einlegen.

Sehenswert

Ehrenfriedhof des Vyšehrad

| Friedhof |

Neben der Stiftskirche der hll. Peter und Paul liegen seit 1870 auf dem Ehrenfriedhof des Vyšehrad (Vyšehradský hřbitov) auf relativ kleiner Fläche rund 600 bedeutende Persönlichkeiten der Nation begraben. Im Sinne der Bewegung der Nationalen Wiedergeburt gestaltete man ihre Begräbnisstätten besonders prachtvoll. Auf dem Gelände fanden u. a. Antonín Dvořák, Alfons Mucha und Božena Němcová ihre letzte Ruhestätte.

■ K Rotundě, Vyšehrad, tgl. Nov.–Feb. 8–17, März, April, Okt. 8–18, Mai–Sept. 8–19 Uhr

52 Burg Karlstein
Hrad Karlštejn

Mittelalterliche Schatzkammer der Reichskleinodien

■ Regionalzug nach Beroun ab Praha Hlavní nádraží (Hbf.) oder Nádraží Praha-Smíchov (Bhf. Smichov) alle 30 Min. (Hst. Karlštejn)

■ Karlštejn, Kreis (Okres) Beroun, Tel. 311 681 617, www.hrad-karlstejn.cz, nur mit Führung, Touren stdl. (Kaiserpalast, Marienturm), Großer Turm (Hl.-Kreuz-Kapelle 560 CZK, erm. 450 CZK) nach Voranmeldung, 200–260 CZK, erm. 160–210 CZK

Burg Karlstein erhebt sich auf einem Kalksteinfelsen in einem Seitental der Berounka 30 km südwestlich vom Prager Zentrum. Karl IV. gab sie 1348 als Repräsentations- und Festungsbau in Auftrag. Hinter ihren dicken Mauern wurden die zur Herrschaft über das Heilige Römische Reich legitimierenden Reichskleinodien aufbewahrt. Die Burganlage gliedert sich in drei Teile. Dem Kaiserpalast mit Wohnräumen des Herrschers folgt in der Mitte der Marienturm und zuletzt der Große Turm mit dem religiösen Zentrum der Anlage, der Heilig-Kreuz-Kapelle. Den rund 20-minütigen Weg zur Burg flan-

Burg Karlstein – repräsentativer Festungsbau Kaiser Karls IV.

kieren Souvenirläden und überteuerte Restaurants (eine Alternative ist die Gaststätte am Bahnhof). Die oft zwischen Folklore und Vergnügungspark schwankende Stimmung ist dem Geist des Orts als bedeutendes Kulturdenkmal nicht unbedingt zuträglich.

Parken

Wo die kleine Ortschaft Karlštejn beim Fluss Berounka in Richtung Tal und Burg beginnt, liegt ein großer, bewachter Besucherparkplatz. ■ Parkoviště Karlštejn, 100 CZK/2 Std., 200 CZK/Tag

Wandern

Bei Karlštejn liegt das Landschaftsschutzgebiet Český kras. Zum Wandergebiet im Böhmischen Karst gehört ein alter Steinbruch mit See, der **Velká Amerika** (Großes Amerika) oder **Tschechischer Grand Canyon** heißt. Von der Burg gelangt man in etwa 90 Min. zu dem beliebten Ausflugsziel. Auch sonst bieten die dicht bewaldeten Hügelzüge rund um die Burg schöne Wander- und Spazierwege, die gut ausgeschildert sind.

Im Blickpunkt

Wandern in der Stadt

Prag besitzt schöne, weitläufige Parks, doch gelangt man auch schnell hinaus ins Grüne. Naherholungsgebiete wie Divoká Šárka (S. 111), der wunderbar an der Moldau gelegene Naturpark Draháň-Troja im Norden oder das Waldgebiet Klánovice im Osten sind schnell mit dem öffentlichen Verkehr erreicht. Mancherorts wähnt man sich eher auf einem Wander- als auf einem Städtetrip.

53 Schloss Konopischt
Zámek Konopište

Residenz des ehemaligen Habsburger Thronfolgers Franz Ferdinand

■ Zug nach Benešov ab Praha hlavní nádraží (Hbf.) alle 30/60 Min. (Hst. Benešov u Prahy)
■ Autobahn D1 Richtung Brno (Ausfahrt 21), dann E55 Richtung Linz/Benešov
■ Konopiště 1, Benešov, Tel. 317 721 366, www.zamek-konopiste.cz, Di–So, April, Mai, Sept. 10–16, Juni–Aug 10–17, Okt. 10–15, Nov. Sa, So 10–15 Uhr, nur mit Führung, 240–340 CZK, erm. 190–270 CZK

In der mittelböhmischen Gemeinde Benešov rund 40 km südöstlich von Prag steht seit dem Mittelalter eine stattliche Burg, die im 17. Jh. im Stil der Spätrenaissance umgestaltet wurde. Im Burgenland Böhmen wäre dies an sich vermutlich keiner Erwähnung wert, hätte nicht im Jahr 1887 ein bedeutender Besitzerwechsel stattgefunden: Österreichs späterer Thronfolger Erzherzog Franz Ferdinand d'Este kaufte das Anwesen und ließ das Schloss mit wertvollen Kunstgegenständen, Meißner Porzellan und teuren Möbeln ausstatten. Auffallend sind die vielen Jagdtrophäen des ehemaligen Hausherren, die die Schlosswände zieren. Erzherzog Franz Ferdinand galt als geradezu jagdbesessen und erlegte im Lauf seines Lebens mehr als 200 000 Tiere.

Parken

Parking Chateau Konopiště I und II
Etwa 600 m unterhalb von Schloss Konopischt liegen bewachte Besucherparkplätze.

54 Kutná Hora
Kuttenberg

Ehemalige Königsstadt als UNESCO-Weltkulturerbe

■ Zug ab Praha hlavní nádraží (Hbf.) stdl., Bus Linie C ab Metro-Station Háje stdl.
■ Autobahn D11 Richtung Hradec Králové (Ausfahrt 39), dann Landstraße 38 über Kolín bis Kutná Hora

Zu den beliebtesten Touristenattraktionen Tschechiens gehört die ehemalige Silberbergbau-Stadt Kutná Hora (Kuttenberg) östlich von Prag. Hauptsehenswürdigkeit ist die historische Altstadt, die zum UNESCO-Weltkulturerbe zählt. Dank der Edelmetallgewinnung wuchs die Siedlung im Mittelalter schnell zur bedeutenden und nach Prag zweitgrößten Königsstadt heran. Als Mitte des 16. Jh. die Lagerstätten zur Neige gingen, verlor Kutná Hora an wirtschaftlichem und politischem Gewicht. Von Prag ist die Stadt in etwa einer Stunde erreichbar und daher ein klassisches und beliebtes Tagesausflugsziel.

ADAC Spartipp

Was beim Prager Nahverkehr im Kleinen gilt, trifft auch auf die **Tschechische Bahn** im Großen zu: Sie ist vergleichsweise billig, die Züge fahren regelmäßig und das Netz ist dicht. Einziger Haken: Man kommt nicht gerade schnell voran, denn die meisten Strecken sind veraltet. Ausflugsziele rund um Prag sind mit Regionalzügen aber dennoch recht schnell erreichbar. *www.cd.cz/de*

 Sehenswert

St. Barbara

| Kirche |

Der gotische Dom (Chrám sv. Barbory) ist architektonischer Höhepunkt der Altstadt Kuttenbergs. Begonnen wurde er 1388 unter Johann Parler d. J., Sohn des Veitsdom-Baumeisters Peter Parler. Die reich verzierten Kreuzgewölbe im Mittelschiff und das prächtige Strebewerk an den Außenseiten stammen von Benedikt Ried, der auch den Vladislav-Saal des Königspalasts auf dem Hradschin (S. 48) gestaltete. Beendet wurde der Bau erst um 1900 mit den drei neogotischen Zeltdächern.

■ Barborská 685, Tel. 327 515 796, www.chramsvatebarbory.cz, tgl. Jan., Feb. 10–16, März, Nov., Dez. 10–17, April–Okt. 9–18 Uhr, 180 CZK, erm. 140 CZK

Sedletz-Ossarium

| Beinhaus |

Auf dem Friedhof des Zisterzienserklosters Panna Maria (Jungfrau Maria) in Sedlec (Sedletz), einem Stadtteil von Kutná Hora, wurde im 15. Jh. eine kleine Kirche errichtet. Ihr Untergeschoss diente bei der Verkleinerung des Friedhofs als Beinhaus (Kostnice Sedlec), die Überreste Zehntausender Toter lagerten hier. Im 19. Jh. kaufte die Fürstenfamilie Schwarzenberg das Gotteshaus und gab dem Holzschnitzer František Rint den kuriosen Auftrag, den Innenraum der Kirche mit den Knochen aus dem Beinhaus zu dekorieren. Ein faszinierender, etwas schauerlicher Anblick.

■ Zámecká 279, Tel. 326 551 049, www.sedlec.info/de, März, Okt. tgl. 9–17, April–Sept. tgl. 9–18, Nov.–Feb. tgl. 9–16 Uhr, 160 CZK, erm. 120 CZK

Sedletz-Ossarium in Kutná Hora: Dekor aus menschlichen Knochen

55 Theresienstadt
Terezín

Ehemalige Garnisonsstadt und Konzentrationslager während der Nazizeit

■ Linien-Bus ab Bhf. Prag-Holešovice bis mittags alle 30/60 Min. (Terezín)
■ Autobahn D8 Richtung Teplice und Dresden – 30 km vor Teplice als Nationales Kulturdenkmal ausgeschildert

Theresienstadt wurde Ende des 18. Jh. als Garnisonsstadt angelegt und nach der 1780 verstorbenen österreichischen Herrscherin Maria Theresia benannt. In erster Linie als militärische Festung konzipiert, sollte sie als Bollwerk gegen den Erzfeind Preußen dienen. Die Stadt besteht aus der sog. Großen Festung, der im Osten ein kleineres Fort vorgelagert wurde. Internationale und traurige Berühmtheit erlangte der Ort ab 1941 als jüdisches Ghetto, Durchgangs- und Konzentrationslager Theresienstadt. Heute mutet die Stadt mit ihren nur noch 3000 Bewohnern etwas gespenstisch an.

Gedenkstätte Theresienstadt: Friedhof vor der Kleinen Festung

Sehenswert

Kleine Festung
| Gedenkstätte |

Etwa 500 m von der Kernstadt liegt die Kleine Festung (Malá pevnost), zu Habsburger Zeiten ein Gefängnis für militärische und politische Gefangene. Prominentester Insasse war Gavrilo Princip, der mit seinem Attentat auf den österreichischen Thronfolger Franz Ferdinand (S. 116) den Funken entzündete, der den Ersten Weltkrieg auslöste. Später kerkerten hier SS und Gestapo Oppositionelle ein. Die Kleine Festung als Teil der Gedenkstätte Terezín beinhaltet u. a. eine etwas knappe Ausstellung zur Geschichte des Forts, Informationen zu den Haftbedingungen und zur deutschen Besatzungsmacht.

■ Malá pevnost, Tel. 416 782 225, www.pamatnik-terezin.cz, tgl. Nov.–März tgl. 8–16.30, April–Okt. tgl. 8–18 Uhr, 230 CZK, erm. 200 CZK, Kombi-Ticket mit Ghetto-Museum und Magdeburger Kaserne 280 CZK, erm. 220 CZK

Ghetto-Museum
| Ausstellung |

Im Zentrum der Großen Festung und eigentlichen Stadt liegt das Ghetto-Museum (Muzeum ghetta). Eine Dauerausstellung erzählt die Geschichte des Ghettos und des Durchgangslagers Theresienstadt. Wechselausstellungen, ein Kino und Führungen vermitteln einen detaillierten Einblick in die Lebensumstände der über 60 000 hier eingepferchten Juden. Insgesamt

Im Blickpunkt

Heydrichiáda – das dunkelste Kapitel der Landesgeschichte

Die brutalste Epoche nationalsozialistischer Herrschaft in Tschechien wird Heydrichiade genannt. Im März 1939 annektierte Nazi-Deutschland völkerrechtswidrig die sog. Rest-Tschechei. Was folgte, waren Terror und Unterdrückung im Reichsprotektorat Böhmen und Mähren. Zunächst amtierte Konstantin von Neurath als Reichsprotektor bis September 1941. Da dieser nach Adolf Hitlers Geschmack jedoch zu lasch gegen Widerstandsbewegungen vorging, übertrug er von Neuraths Vollmachten an Reinhard Heydrich. Der ehrgeizige SS-Obergruppenführer und Günstling Himmlers verrichtete seine Arbeit mit beispielloser Skrupellosigkeit. Jene Phase bis zu seinem Tod ging als erste Heydrichiade in die Geschichte ein, die Zeit nach dem erfolgreichen Attentat auf Heydrich im Mai 1942 als zweite. In Letztere fallen die Vergeltungsmaßnahmen der Nazis (etwa in St. Kyrill und Method, S. 81) und die Auslöschung der Dörfer Lidice und Ležáky samt allen auffindbaren Frauen und Kindern.

durchliefen 155 000 Häftlinge das Lager, rund 35 000 von ihnen fanden hier den Tod. Weitere 83 000 kamen nach der Deportation von Theresienstadt in den Vernichtungslagern ums Leben.
■ Komenského 148, Tel. 416 782 225, www.pamatnik-terezin.cz, tgl. Nov.–März 9–17.30, April–Okt. 9–18 Uhr

Parken

Im Stadtzentrum von Terezín ist das Parken am Straßenrand kostenfrei. Außerhalb der Stadt und rund 200 m von der Kleinen Festung befindet sich ein großer Parkplatz ■ 30 CZK/Std., 90 CZK/Tag

Am Abend

Auch jenseits des Zentrums findet man spannende Veranstaltungen und Clubs. Man ist näher dran am »normalen« Prager und dessen Lieblingslokalen.

Bühne

Švandovo divadlo na Smíchově Einziges Theater in Prag, das seine Stücke mit englischen Übertiteln aufführt, teils sogar auf Englisch. ■ Štefánikova 57, Prag 5, Tel. 257 318 666, www.svandovodivadlo.cz, Metro B (Anděl), Tram 9, 12, 15, 20, 98, 99 (Švandovo divadlo)

Kneipen, Bars und Clubs

Jazz Dock Hier stimmt nicht nur die Qualität der auftretenden Jazz-Bands, sondern auch die Lage auf der Moldau. Nach den Konzerten wird das 2009 eröffnete Jazz Dock zur Bar. ■ Janáčkovo nábřeží 2, Prag 5, Tel. 774 058 838, www.jazzdock.cz, Mo–Fr 15–2, Sa, So 13–2 Uhr, Tram 9, 12, 15, 20, 98, 99 (Švandovo divadlo)

Kasárna Karlín Der Kulturkomplex in einer ehemaligen Kaserne beherbergt u. a. einen Konzertsaal, ein Sommerkino, eine Café-Bar und einen großen Spielplatz. ■ Prvního pluku 2, Prag 8, www.kasarnakarlin.cz, Mo–Fr 13–23.30, Sa, So 10–23.30 Uhr, Metro B/C, Tram 3, 8, 92 (Florenc), Bus 133, 135, 175, 207, 908, 909 (Pernerova)

MeetFactory Konzerthaus, Galerie und Club, gegründet von Tschechiens bekanntestem Gegenwartskünstler David Černý (S. 57). ■ Ke Sklárně 15, Prag 5, Tel. 251 551 796, www.meetfactory.cz, tgl. ab 13 Uhr, Tram 5, 12, 20, 94 (Lihovar)

Na Urale Urige Kneipe mit guter Küche, fast ausschließlich von Einheimischen besucht. ■ Puškinovo nám. 15, Prag 6, Tel. 224 326 820, www.naurale.cz, tgl. 11–23 Uhr, Tram 8, 18 (Lotyšská)

Übernachten

In den zentrumsferneren Vierteln finden sich eher günstige Hotels, aber auch einige bessere Häuser mit verhältnismäßig niedrigen Preisen.

€€

Hotel Adalbert Schlichtes, komfortables Dreisternehaus in den Gemäuern des Klosters Břevnov (S. 112). ■ Břevnovský klášter, Markétská 1, Tel. 220 406 170, www.hoteladalbert.cz

Hotel Angelis Schickes Viersterne-Familienhotel mit guter Verkehrsanbindung. ■ Pivovarská 5, Prag 5 (Smíchov), Tel. 257 190 900, www.hotelangelis.com

25 **Hotel International Prague** Ein Paradebeispiel des Sozialistischen Klassizismus. Ein Großteil des Interieurs aus den 50er-Jahren ist erhalten geblieben. ■ Koulova 15, Prag 6 (Dejvice), Tel. 296 537 874, www.internationalprague.cz

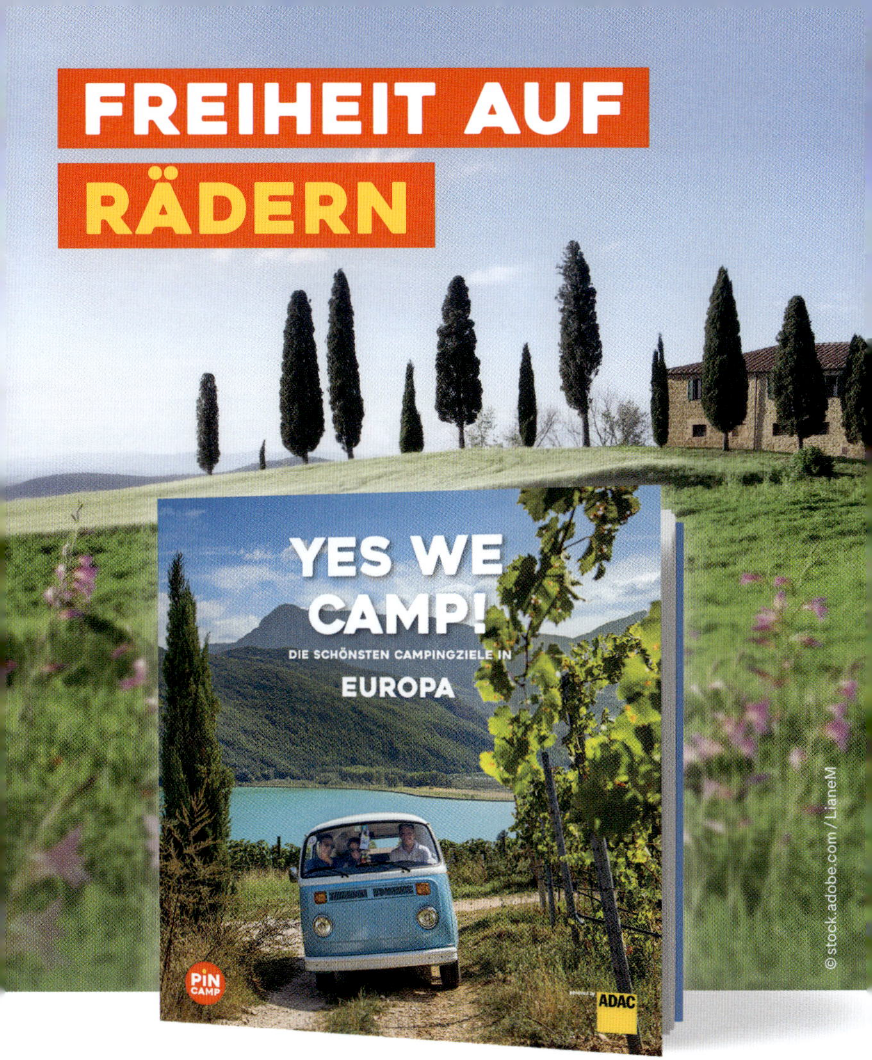

ADAC Service Prag

Beim **ADAC Info-Service**, in den **ADAC Geschäftsstellen** sowie auf dem **Internetportal des ADAC** (adac.de) erhalten Sie Informationen zu den Dienstleistungen des Automobilclubs und zu Ihrem Reiseziel. So können Sie sich von der **ADAC Trips App** (adac.de/services/apps/trips) via Smartphone oder Tablet-PC inspirieren lassen oder als **ADAC Mitglied** das kostenlose **ADAC Tourset® Prag** (adac.de/reise-freizeit/reiseplanung/tourset) mit vielen Reiseinfos und Karten anfordern. Bei Pannen und Notfällen steht Ihnen unser Team rund um die Uhr telefonisch und digital (adac.de/hilfe und ADAC Pannenhilfe App) zur Verfügung.

ADAC Info-Service

T 089 558 95 96 97
Infos zu allen ADAC Leistungen
(Mo–Sa 8–20 Uhr)

ADAC Ambulanz-Service

T +49 89 76 76 76, adac.de/ambulanzonline
(Erkrankung, Unfall, Verletzung, Transportfragen, Todesfall)

ADAC Pannenhilfe Deutschland

T 089 20 20 40 00, Mobil 22 22 22
(Verbindungskosten je nach Netzbetreiber/Provider)

ADAC Pannenhilfe Ausland

T +49 89 22 22 22
(Verbindungskosten je nach Netzbetreiber/Provider)

Online-Angebote des ADAC für Ihre Reiseplanung

Service	Webadresse
Reiseinspirationen, -planung und -hinweise	adac.de/reise-freizeit/reiseplanung
Aktuelle Verkehrslage	adac.de/verkehr
Individuelle Routenplanung	adac.de/maps
Infos zu Tankstellen und Spritpreisen	adac.de/tanken
Infos zu mautpflichtigen Strecken	adac.de/reise-freizeit/maut-vignette
Infos zu Fährverbindungen	adac.de/faehren
Aktuelle Infos vor Reiseantritt	adac.de/tourmail
Informationen für Camper	adac.de/camping
Informationen für Motorrad- und Oldtimerfahrer	adac.de/reise-freizeit/reisen-motorrad-oldtimer
Informationen für Segler und Skipper	skipper.adac.de
ADAC Reiseangebote	adacreisen.de
ADAC Autovermietung	adac.de/autovermietung
ADAC Versicherungen für den Urlaub	adac.de/versicherungen
Weltweite Preisvorteile für ADAC Mitglieder	adac.de/vorteile-international
Telemedizinische Beratung	adac.de/meinmedical

Diese **Produkte des ADAC** könnten Sie interessieren: **ADAC Reiseführer Wien**, **ADAC Reiseführer Polen**, **ADAC Reiseführer Ungarn** und **ADAC Reisemagazin Wien** – erhältlich im Buchhandel, bei den ADAC Geschäftsstellen und in unserem ADAC Online-Shop (adac.de/shop).

Anreise und Einreise

Auto

Vom **Norden oder Osten Deutschlands** kommend, gelangt man über die Autobahn A17/D8 von Dresden nach Prag. Aus **Süd- und Westdeutschland** fährt man über die A6/D5 von Nürnberg über Pilsen in die Hauptstadt. Von **Wien** aus geht es über die A5 in Richtung tschechische Grenze, danach über die E461 nach Brünn (Brno) und die D1, von **Linz** aus über die E55 und České Budějovice (Budweis) sowie die D3 über Tábor in die tschechische Hauptstadt. In Prag angekommen, sollte man einen überwachten Parkplatz (S. 131) zum Parken wählen!

Busse

Von Deutschland, Österreich und der Schweiz verkehren u. a. die Busgesellschaften Flixbus, RegioJet und Student Agency nach Prag. Die Fahrten enden meist am **Busbahnhof Florenc** nahe der gleichnamigen Metro-Station.

■ www.flixbus.de, www.regiojet.de, www.studentagency.eu/de

Bahn

Die Bahn bietet regelmäßige Verbindungen nach Prag, auch mit dem Nachtzug. Zielstation ist meist der Prager Hauptbahnhof oder, etwas nördlich des Stadtzentrums, der Bahnhof in Holešovice (Nádraží Holešovice). Früh buchen lohnt sich!

■ www.bahn.de, www.sbb.ch, www.oebb.at

Flugzeug

Zahlreiche Airlines aus der ganzen Welt fliegen den Prager Václav-Havel-Flughafen (Letiště Václava Havla Praha) an. Er liegt bei Ruzyně, etwa 15 km nordwestlich des Stadtzentrums. Der Flughafen ist recht übersichtlich und besteht aus drei Terminals: Terminal 2 für Flüge aus den Schengen-Staaten, Terminal 1 für alle anderen Auslandsflüge, Terminal 3 zur Abfertigung von Privatjets.

Transfer: Noch fehlt ein Metro- oder Bahn-Anschluss, die Innenstadt erreicht man trotzdem bequem mit der Buslinie 119. Sie fährt alle 5–20 Min. zur Metro-Station Nádraží Veleslavín, von dort weiter mit der Metro A (grüne Linie). Die Buslinien 100 und 191 fahren jeweils eine Station der Metro B (gelbe Linie) an: Zličín am westlichen Stadtrand und Anděl in Zentrumsnähe. Der Airport-Express (AE) verbindet Flughafen und Hauptbhf. (100 CZK, 5.30–22 Uhr, alle 30 Min.). Von 24 bis 4 Uhr bringt der Nachtbus 910 Reisende zur Metro-Station I. P. Pavlova (Ticket der Prager Verkehrsbetriebe: 40 CZK, Fahrtzeit je nach Verkehr 40 bis 60 Min.).

Ein **Taxi** zum Flughafen (am besten mit der fairen Gesellschaft AAA, S. 33) sollte nicht mehr als etwa 800 CZK kosten (im Normalfall rund 650 CZK). Noch günstiger (ca. 500 CZK) sind die Online-Vermittlungsdienste Uber und Bolt. Wer sie nutzen will, muss sich die entsprechenden Apps auf sein Smartphone herunterladen.

■ Flughafen Prag: www.prg.aero/en

Einreise

Für EU-Bürger und Schweizer genügen ein gültiger Reisepass oder Personalausweis bzw. Identitätskarte, um in die Tschechische Republik einzureisen. Die Dokumente müssen bis mindestens zur Ausreise gültig sein. Auch Kinder brauchen ein eigenes Ausweisdokument. Das Land gehört zum Schengen-Raum.

Auto und Straßenverkehr

Verkehrsvorschriften

In Tschechien besteht ganzjährig Lichtpflicht (Tagfahrlicht). Pflicht ist auch das Mitführen der Internationalen Versicherungskarte. Vom 1.11. bis zum 31.3. müssen bei schlechter Witterung und in Gebirgsregionen zwingend Winterreifen montiert sein. Zudem gilt in Tschechien eine Alkoholgrenze von 0,0 Promille. In Prag gilt es außerdem darauf zu achten, dass Straßenbahnen immer Vorfahrt genießen. Kinder müssen im Kindersitz mitfahren.

Tempolimits

Straße	Tempolimit
Ortschaft	50 km/h
Landstraße	90 km/h
Autobahn (in Städten)	130 km/h (80 km/h)

Maut

Benutzer von Autobahnen und vierspurigen Schnellstraßen müssen über eine gültige **E-Vignette** verfügen, erhältlich online (www.edalnice.cz), an Automaten an einigen Grenzübergängen und tschechischen Tankstellen. Die Kosten betragen für ein Jahr 1500 CZK, für einen Monat 440 CZK, für zehn Tage 310 CZK; Halter von CNG-betriebenen Fahrzeugen zahlen die Hälfte. Der gelb eingekreiste Buchstabe M als Piktogramm signalisiert die Vignetten-Pflicht.

Unfall

Nach einem Unfall sollten Sie sofort anhalten, die **Unfallstelle** absichern und Erste Hilfe leisten. Wenn bei einem Unfall eine **Person zu Schaden** kommt oder der Sachschaden eines Beteiligten 100 000 Kronen (rund 4200 Euro) übersteigt, muss die Polizei verständigt werden (Rufnummer 158). Trifft dies nicht zu und die Unfallbeteiligten können sich über Schuldfrage und Kostendeckung einigen, muss die Polizei nicht eingeschaltet werden. Es wird auf jeden Fall empfohlen, einen Europäischen Unfallbericht auszufüllen.

Die **ADAC Pannenhilfe Deutschland** erreichen Sie bei Fahrzeugpannen und -unfällen unter Tel. 089/20 20 40 00 (Mobil-Kurzwahl 22 22 22), die **ADAC Pannenhilfe Ausland** unter +49 89 22 22 22 (Gebühren variieren je nach Netzbetreiber und Land).

Barrierefreies Reisen

In Prag sind immer mehr Busse und Straßenbahnen auf die Bedürfnisse von Gehbehinderten und Rollstuhlfahrern eingerichtet, da die Flotte der städtischen Nahverkehrsbetriebe DPP laufend modernisiert wird. Die entsprechenden barrierefreien Verkehrsmittel sind mit Piktogrammen im Fahrplan gekennzeichnet. Mittlerweile sind auch fast alle Metro-Stationen barrierefrei zugänglich.

Die Stadt eignet sich mit ihren vielen Hügeln, Kopfsteinpflaster und hohen Bordsteinkanten nicht wirklich gut für Rollstuhlfahrer. Doch gibt es vor allem im Zentrum viele öffentliche Behinderten-WCs, für die man einen EURO-Schlüssel braucht.

■ Informationen auf Deutsch: www.dpp.cz/de/barrierefrei-unterwegs

City Card

Mit dem **Prague Visitor Pass** können rund 60 Sehenswürdigkeiten umsonst und weitere 50 mit Ermäßigung besucht werden. Inklusive sind eine Stadtrundfahrt, eine Bootstour auf der Moldau und die Nutzung des ÖPNV. Den für 48, 72 oder 120 Stunden gültigen Pass kann man in der gleichnamigen App aktivieren. Wer die physische Form bevorzugt, holt sich den Pass am besten an einer offiziellen Verkaufsstelle, z. B. im Besucherzentrum im Altstädter Rathaus. Je nach Gültigkeitsdauer kostet der Prague Visitor Pass zwischen umgerechnet 85 und 145 Euro (Kinder bis 14 J. zahlen 50 %, Studierende 75 %).

■ www.praguevisitorpass.eu

Diplomatische Vertretungen

Deutsche Botschaft

■ Vlašská 19, Malá Strana, Tel. 257 113 111, www.prag.diplo.de, Bürozeiten: Mo–Do 8–17, Fr 8–15 Uhr

Botschaft der Republik Österreich

■ Viktora Huga 10, Smíchov, Tel. 257 090 511, www.bmeia.gv.at/oeb-prag, Besuch nach Voranmeldung

Schweizer Botschaft

■ Pevnostní 7, Prag 6, Tel. 220 400 611, www.eda.admin.ch/prag, Besuch nach Voranmeldung

Einkaufen und Märkte

Tradition haben die **Weihnachts- und Ostermärkte** auf dem Altstädter Ring, dem Wenzelsplatz, dem Platz der Republik (Náměstí Republiky) und dem Platz des Friedens (Náměstí Míru). Die Weihnachtsmärkte beginnen Ende November und dauern bis Ende Dezember/Anfang Januar (tgl. 10–22 Uhr).

■ www.trhypraha.cz

Seit einigen Jahren erfreuen sich die Prager **Bauernmärkte** größerer Beliebtheit. Die meisten Stände verkaufen von 9 bis 18 Uhr. Der **Markt in Holešovice** (S. 98) ist überdacht, mit einem vielfältigen Asia-Markt kombiniert und täglich geöffnet. Bei anderen Märkten variieren Tage und Öffnungszeiten je nach Jahreszeit.

■ Infos auf Englisch unter: www.farmarsketrziste.cz/en

Feiertage

1. Jan., Karfreitag, Ostermontag, 1. Mai (Tag der Arbeit), 8. Mai (Tag des Sieges über den Faschismus 1945), 5. Juli (Tag der Slawenapostel Kyrill und Method), 6. Juli (Gedenktag für Jan Hus), 28. Sept. (Tag der tschechischen Eigenstaatlichkeit und Todestag des hl. Wenzel), 28. Okt. (Gründungstag der ersten Tschechoslowakischen Republik 1918), 17. Nov. (Gedenktag für den Kampf um Freiheit und Demokratie), 24.–26. Dez. (Weihnachten)

Fundbüro

Das städtische Fundbüro »Ztráty a nálezy« befindet sich in der Altstadt. Bei Abholung muss man sich mit Personalausweis oder Reisepass als rechtmäßiger Besitzer des verlorenen Gegenstandes ausweisen. Die Lagerdauer beträgt sechs Monate. Pro Tag fallen 2 CZK Aufbewahrungsgebühren an.

■ Karolíny Světlé 5, Tel. 224 235 085, Mo, Mi 8–12 und 12.30–18 Uhr

Geld und Währung

Währung des EU-Mitglieds ist die **Tschechische Krone** (CZK). Im Umlauf sind Münzen zu 1, 2, 5, 10, 20 und 50 CZK, Noten zu 100, 200, 500, 1000, 2000 und 5000 CZK. Mit Kredit- oder

Festivals und Events

März

Famufest Festival der Filmschule FAMU (5 Tage Anfang März) mit Werken der Studenten, Partys, Ausstellungen. www.famufest.cz

April

One World Festival Weltweit größtes Filmfestival für Menschenrechte. In anderthalb Wochen laufen in mehreren Kinos rund 100 internationale Beiträge. www.oneworld.cz

Mai

United Islands of Prague Populäres Musikfestival Anfang Juni im oder nahe dem Stadtzentrum. Die Musikpalette reicht von Jazz über Pop bis Rock. Der Eintritt ist frei. www.unitedislands.cz

Pražské jaro Der »Prager Frühling« von Mitte Mai bis Anfang Juni ist ein traditionsreiches Klassikfestival, das seit 1946 schon viele internationale Stars und renommierte Orchester als Gäste begrüßen durfte. www.festival.cz

Juni

Královský průvod Bei dem volkstümlichen, zweitägigen Königsumzug begibt sich am ersten Juni-Wochenende ein mittelalterlicher Tross von Prag auf die Burg Karlstein. www.pruvodkarlaiv.cz

August

Letní Letná Zeitgenössischer Zirkus und Akrobatik (Mitte bis Ende Aug.) am Rand des Letná-Parks im Stil des Cirque du Soleil. www.letniletna.cz

September

Dvořákova Praha Junges, aber international etabliertes Klassik-Festival von Anfang bis Mitte September. »Dvořáks Prag« ist nach dem »Prager Frühling« die bedeutendste Veranstaltung ihrer Art in der Hauptstadt. www.dvorakovapraha.cz

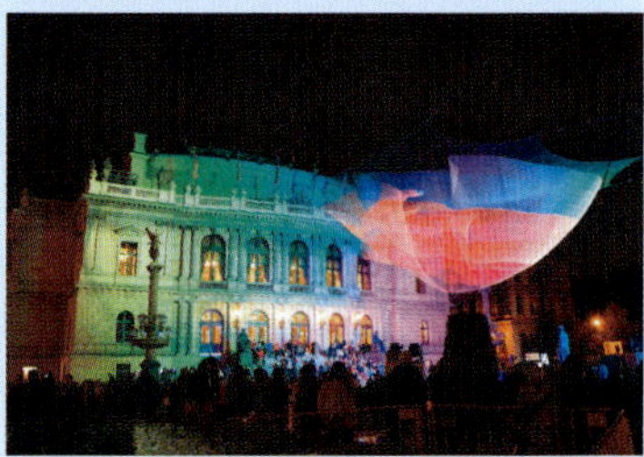

Signal Festival

Oktober

Signal Festival Mitte Oktober beleuchten Künstler vier Tage lang nach Einbruch der Dunkelheit die Fassaden historischer Bauten sowie Plätze mit Lichtinstallationen. www.signalfestival.com

Das Filmfest Ebenfalls Mitte Oktober zeigen Programmkinos an fünf Tagen Höhepunkte deutschsprachigen Filmschaffens des vorangegangenen Jahres. www.dasfilmfest.cz/de

November/Dezember

Prager Theaterfestival deutscher Sprache Von Mitte November bis Anfang Dezember spielen seit rund 25 Jahren hochklassige Ensembles aus Deutschland, Österreich und der Schweiz. Karten besser frühzeitig reservieren! www.theater.cz/de

Girokarte erhält man an den zahlreichen **Geldautomaten** problemlos Bargeld (meist unter Angabe von Wechselkurs/Belastung in Ausgangswährung). Natürlich kann man auch bei Banken und Sparkassen wechseln (Öffnungszeiten siehe S. 130). In den meisten Läden und Restaurants kann man mit **Kreditkarte** bezahlen, in kleineren Cafés und Bars nicht immer. Fragen Sie vor der Bestellung nach.

Wechselkurse

(Stand: Januar 2024)

1 € 10 CZK	ca. 24,70 CZK ca. 0,40 €
1 SFr 10 CZK	ca. 26,70 CZK ca. 0,37 SFr

Die meisten **Wechselstuben** sollte man meiden, selbst wenn 0 % Kommission (»No commission«) angegeben ist. Das gilt oft nur für hohe Beträge bzw. den Rückumtausch von Kronen – oder die Betreiber finden andere Schlupflöcher im (nur tschechisch) Kleingeschriebenen. Fast in allen Wechselstuben gelten unterm Strich sehr schlechte Kurse.
Zu den wenigen Ausnahmen im Zentrum gehören zwei Wechselstuben in der Heinrichsgasse nahe dem Wenzelsplatz: Exchange Centrum, Jindřišská 10, und Jindřišská Exchange, Jindřišská 19).

Kosten im Urlaub

(durchschnittliches Preisniveau)

Großes Bier	55 CZK
Espresso	50 CZK
Cappuccino	70 CZK
Softgetränk	40 CZK
Tagessuppe	70 CZK
Mittagsmenü	170 CZK
Hauptspeise (abends)	240 CZK
Flasche Mineralwasser (Supermarkt)	20 CZK
ÖPNV (Einzelfahrschein)	30/40 CZK
Museum	300 CZK
Kino	230 CZK
Schwimmbad	180 CZK/Std.

Gesundheit

Ausländer im Besitz der **Europäischen Krankenversicherungskarte** (EHIC) können in Tschechien bei Krankheit und Unfall in Kliniken und Krankenhäusern medizinische Versorgung in Anspruch nehmen. Das bedeutet unentbehrliche Behandlung, keine weitergehende Leistung. Die Kosten werden von der heimischen Krankenkasse übernommen. Privatversicherte müssen medizinische Leistungen vor Ort selbst bezahlen und danach mit der Versicherung abrechnen.
In Prag finden sich zahlreiche **Polikliniken** mit verschiedenen Abteilungen und Fachärzten. In den meisten Fällen spricht das Betreuungspersonal kaum oder gar kein Englisch. Dasselbe gilt für ältere Ärzte, während sich der Großteil des jüngeren medizinischen Fachpersonals inzwischen gut auf Englisch, manchmal sogar auf Deutsch verständigen kann. Grundsätzlich ist die medizinische Versorgung in Tschechien gut. Allerdings kann es, wenn man nicht als Notfall eingestuft wird, länger dauern, bis sich ein Arzt um einen kümmert.

■ Nemocnice Na Františku, Na Františku 8, Prag 1, Tel. 222 801 343, www.nnfp.cz

■ Městská poliklinika Praha, Spálená 12, Tel. 222 924 211, www.prahamp.cz

Apotheken sind in Tschechien mit einem grünen Kreuz gekennzeichnet und heißen »lekárna«. Rezeptfreie Mittel sind oft deutlich günstiger als zu Hause. Rezeptpflichtige Medikamente müssen nach einem Arztbesuch nach spätestens 14 Tagen, nach einem Aufenthalt in der Notfallambulanz nach zwei Tagen mit der entsprechenden Bescheinigung abgeholt werden. Für Antibiotika gilt: fünf Tage.

■ Lékárna U Černého orla, Malostranské nám. 14, Tel. 257 219 744, www.lekarna-orel.cz

Haustiere

Wenn Sie Ihre tierischen Freunde nach Tschechien mitnehmen, müssen Sie bei gängigen Haustierarten wie Hunden oder Katzen den EU-Heimtierausweis (mit ISO-konformem Mikrochip und allen Pflichtimpfungs-Einträgen) mitnehmen. In Tschechien gilt **Leinenpflicht** in öffentlichen Gebäuden und auf öffentlichen Plätzen. Für Hunde gilt in öffentlichen Verkehrsmitteln eine generelle **Maulkorbpflicht**.

Information

Als beliebtes Städtereiseziel bietet Prag seinen Besuchern an mehreren zentralen Orten umfassende Informationen und guten, zuvorkommenden Service. Das städtische **Tourismusbüro** (Prague City Tourism) hat im Zentrum drei, im Flughafen zwei Standorte. Hier erhält man Informationen zu Stadt, Sehenswürdigkeiten, Spezialangeboten, kulturellen Veranstaltungen u. Ä.

■ **Prague City Tourism** Tel. 221 714 714, www.prague.eu/de

■ Altstädter Rathaus, Staroměstské náměstí 1, tgl. 9–19, Jan.–März ab 10 Uhr

■ Na Můstku, Rytířská 12, tgl. 9–19 Uhr

■ Aussichtsturm Petřín, April–Sept. tgl. ab 9, Okt.–März. tgl. ab 10 Uhr

■ Flughafen, Terminal 1 und 2, Schengenská, tgl. 8–20 Uhr

Im Sitz des landesweiten tschechischen Tourismusbüros erfährt man mehr über Ausflugsziele außerhalb Prags. CzechTourism unterhält auch Niederlassungen in Deutschland und Österreich.

■ CzechTourism, Štěpánská 15, Prag 2, www.visitczechia.com, Mo–Fr 9–17 Uhr

Deutschland

■ Tschechische Zentrale für Tourismus – CzechTourism, Sophienstr. 28, 10178 Berlin, Tel. +49 30 94 88 36 35, Mo–Fr 9–13 und 14–17 Uhr

Österreich und Schweiz

■ Tschechische Zentrale für Tourismus – CzechTourism, Penzinger Str. 11–13, 1140 Wien, Tel. +43 1 892 02 99 (kein Kundenverkehr, nur bei tel. Voranmeldung)

Klima und beste Reisezeit

Prag liegt im Einflussbereich von atlantischem und kontinentalem Wetter. Das Klima ist mild. Im Sommer und Winter führt der kontinentale Einfluss zu stabilem Wetter mit viel Sonnenschein und warmen Temperaturen einerseits und längeren, sehr kalten Phasen andererseits. Inversionslagen führen vor allem in den Wintermonaten zu erhöhter Feinstaubbelastung und Smog. Der Klimawandel führt auch in Prag zu Wetterkapriolen, und so kann es in den normalerweise sehr kalten Monaten Januar oder Februar Tage mit Temperaturwerten jenseits der 10 °C geben.

Die **beste Reisezeit** sind Frühling und Frühherbst. Im Hochsommer kann die Hitze in den Asphaltschluchten sehr belastend sein. Wer das »Mystische Prag« mit nebelverhangenen Altstadtgassen sucht, kommt am besten im November/Anfang Dezember.
Überlaufen ist das historische Zentrum vor allem an Weihnachten, Silvester, Ostern und Pfingsten.

Klimatabelle Prag

Monat	Luft (°C) (min./ max.)	Sonne (h/Tag)	Regentage
Jan.	-4/3	1,5	7
Feb.	-3/4	2	6
März	-1/8	3,5	6
April	3/13	6	7
Mai	9/19	7	10
Juni	12/23	8	10
Juli	13/25	8	9
Aug.	13/25	7	9
Sept.	9/19	6	7
Okt.	5/14	4	7
Nov.	1/6	2	6
Dez.	-2/2	1,5	6

Kultur und Tickets

Veranstaltungsprogramme in deutscher und englischer Sprache liegen in der Touristeninformation im Altstädter Rathaus (S. 128) oder an den Veranstaltungsorten aus. Einen guten Überblick über das kulturelle Geschehen erhält man auch auf den Websiten www.goout.net/de und www.informuji.cz/en. Karten für Theatervorstellungen und Konzerte gibt es u. a. an folgenden **Vorverkaufsstellen**:

- Prague Ticket Office, Info-Tel. 601 333 626 (10–20 Uhr), Ticketverkauf nur online: www.pragueticketoffice.com
- Ticketmaster, Rytířská 12 oder Staroměstské náměstí 1, www.ticketmaster.cz, tgl. 9–19 Uhr, weitere Filialen in der Stadt

Medien

Bis zum Zweiten Weltkrieg existierten hierzulande mehrere Publikationen für die deutschsprachige Bevölkerung, darunter das »Prager Tagblatt«, für das u. a. Egon Erwin Kisch und Max Brod schrieben. Nach der Samtenen Revolution griff die wöchentlich erscheinende »Prager Zeitung« diese Tradition wieder auf, bis sie Ende 2016 eingestellt wurde. Seitdem bietet nur noch das »Landesecho«, ein Monatsmagazin der deutschen Minderheit, Hintergrundinformationen zu Stadt, Land und Leuten.

- www.landesecho.cz

Zudem existiert eine deutsche Abteilung beim Tschechischen Rundfunk mit Radiobeiträgen und Kurzmeldungen online (www.radio.cz/de). An Kiosken im Hauptbahnhof, Flughafen und im Zentrum kann man die internationale Ausgabe deutscher Zeitungen wie »FAZ« oder »Süddeutsche Zeitung« kaufen.

Nachtleben

Prag ist bekannt für seine vielseitige und lebendige Kulturszene. Ihr ist es zu verdanken, dass das Nachtleben nicht nur von großen Diskotheken und austauschbaren Schickeria-Bars im Stadtzentrum dominiert wird. Natürlich kommt das junge Party-Volk an den Rändern der Altstadt und vor allem in der Neustadt in Technoclubs und Bars auf seine Kosten. Dabei reicht die Spannbreite von ballermannähnlichen Einrichtungen bis zu anspruchsvollen Edel-Lokalen mit Pianist und Whisky-Bar-Ecke. Ganz so, wie man es sich in einer Millionenmetropole vorstellt.

Was Prag aber wirklich ausmacht und so viel Charakter verleiht, sind die zahlreichen authentischen Kneipen, »hospody« genannt (siehe »Im Blickpunkt«, S. 77). Hier lässt sich das frisch gezapfte Pilsner immer noch am schönsten genießen.

Die eingangs erwähnte Kulturszene ergänzt das Angebot um viele kleine und mittelgroße Lokale und Konzerthäuser mit Subkultur-Charme. Vor allem in Žižkov und der Krymská-Straße (S. 88, 91 und 94) findet man davon sehr viele. Die Umgebung rund um die Krymská-Straße wird von einigen Einheimischen auch »Klein-Kreuzberg« genannt.

Notfall

Auch in Tschechien gilt die europäische **Notfallnummer 112** für Feuerwehr, Notarzt und Polizei. Normalerweise spricht man beim Notfalldienst Tschechisch und Englisch, manchmal sogar auch Deutsch. Auf jeden Fall wird man an einen geeigneten Gesprächspartner weitervermittelt.

Mit den **Direktnummern** zu Polizei (158), Feuerwehr (150) und Rettungsdienst/Krankenwagen (155) kommt man zwar schneller durch, kann sich aber nicht darauf verlassen, sich auch auf Englisch verständigen zu können.

Alle Prager **Krankenhäuser** verfügen über gute Notfallstationen, so das zentral gelegene **Allgemeine Universitätsklinikum** am Karlsplatz (Karlovo náměstí).

■ Všeobecná fakultní nemocnice, U Nemocnice 2, Tel. 224 961 111, www.vfn.cz

Etwas außerhalb, aber gut mit der grünen Metro-Linie A erreichbar, liegt das größte Krankenhaus des Landes, das **Universitätsklinikum in Motol**.

■ Fakultní nemocnice v Motole, V Úvalu 84, Prag 5, Tel. 224 431 111, www.fnmotol.cz

Einen zentralen **zahnärztlichen Notdienst** bietet die Städtische Poliklinik in der Neustadt.

■ Městská poliklinika Praha, Spálená 12, Tel. 222 924 268, www.prahamp.cz

Nützliche Apps

■ **Tipps für Reisen: Tschechien** Mit der App von CzechTourism mehr über Stadt und Land erfahren (Google Store)

■ **PID Litačka** App zur Suche von Straßenbahn- und Busverbindungen in Prag (Google Store)

■ **AAA Taxi – order taxi** Schnell ein Taxi eines seriösen Unternehmens bestellen (www.aaataxi.cz/en/mobile-app)

Öffnungszeiten

In Tschechien herrschen liberale Öffnungszeiten. **Einkaufszentren** und **Supermärkte** sind meist 9–21 Uhr, in Prag auch länger offen, die Läden der Kleinsupermarkt-Kette Žabka (siehe ADAC Spartipp, S. 37) oft bis 23 Uhr. Manch kleiner Potraviny-Laden entpuppt sich sogar als »Späti« (»večerka«) bis tief in die Nacht hinein.

Banken und **Apotheken** öffnen meist werktags von 9–17 bzw. von 8–18 Uhr, im Zentrum manchmal auch länger.

Post: siehe S. 131

Parken

Parkmöglichkeiten sind bei den jeweiligen Sehenswürdigkeiten aufgeführt. Ansonsten gilt:

Am Straßenrand

Kostenloses Langzeitparken auf der Straße ist nur noch in den Randbezirken der Stadt möglich.

Die Prager Innenstadt verfügt über **drei Parkzonen**, die mit unterschiedlichen Farben gekennzeichnet sind. Der blaue Bereich ist Anwohnern mit Parkberechtigung vorbehalten. Besucher können dort über eine Smartphone-App (Citymove) oder über eine Website (www.ke-utc.appspot.com) parken (max. 3 Std.) und mit Kreditkarte bezahlen. In der violetten Zone dürfen Nicht-Anwohner ihr Auto für maximal 24 Stunden abstellen – in der Nähe findet man Parkautomaten, auch die Zahlung über die erwähnte »virtuelle Parkuhr« ist möglich. Die mit Orange gekennzeichneten Abschnitte sind sog. Kurzparkzonen (max. 3 Std.), bei denen Autofahrer am Automaten oder über ihr Smartphone bezahlen können.

Wer sich für die Online-Variante entscheidet, muss die Nummer des Parkabschnitts eingeben (im unteren Bereich des Parkschilds).

Bewachte Parkplätze

Außerhalb des Stadtzentrums finden sich **Park-and-Ride-Plätze** (P+R), die an das U-Bahn- bzw. Bus- und Straßenbahn-Netz angeschlossen sind. Der Preis beträgt zwischen 4 Uhr und 1 Uhr des darauffolgenden Tages 50 oder 100 CZK (etwa 2–4 €). Wer sein Auto erst später abholt, muss einen Aufpreis von 100 CZK zahlen.

■ Übersicht über P+R- und andere öffentliche Parkplätze: parking.praha.eu

Auch einige **Hotels** verfügen über bewachte Parkplätze. Öffentliche Parkhäuser sind rar und für einen längeren Zeitraum teuer.

Eine Alternative sind bewachte Stellplätze des Anbieters **Mr. Parkit**, die pro Tag 200–950 CZK (etwa 8–40 €) kosten und die man bereits vor der Anreise reservieren sollte.

■ www.mrparkit.com/de

Post

Niederlassungen der Tschechischen Post in Prag sind werktags 8–19 Uhr geöffnet, die **Hauptpost** (Jindřišská 14, nahe Wenzelsplatz) tgl. 2–24 Uhr. Postkarte oder Standard-Brief ins europäische Ausland kosten einheitlich 44 CZK Porto. Soll die Sendung nicht in Europa ankommen, beträgt das Porto 50 CZK (bis 50 g).

Rauchen und Alkohol

Seit Mitte Mai 2017 gilt in Tschechien ein striktes Rauchverbot in öffentlichen Gebäuden, Restaurants, Bars und sogar an Tram- und Bushaltestellen. Alkohol und Tabak dürfen nicht an Jugendliche unter 18 Jahren verkauft werden. Zudem gilt an vielen Orten im Zentrum der Stadt und in Parks ein Verbot für den öffentlichen Konsum von mitgeführtem Alkohol.

Sicherheit

Tschechien gehört zu den EU-Ländern mit der niedrigsten Kriminalitätsrate, Prag ist bei Tag und Nacht eine der sichersten Großstädte der Welt. Selbst

wenn am Wochenende die Party-Jugend unterwegs ist, muss man nicht ängstlich durch die Gassen schleichen. Einzig Taschendiebstahl ist auch hier ein Problem. Daher sollte man im dichten Gedränge auf großen Plätzen, in öffentlichen Verkehrsmitteln und abends in der Diskothek auf seine Wertsachen achten.
Diebstahl (bzw. Verlust von Wertsachen oder Reisedokumenten) kann man bei jeder Polizeidienststelle anzeigen. Die Notrufnummer ist wie in ganz Europa 112 (über 158 treten Sie schneller und direkt mit der tschechischen Polizei in Verbindung, über 156 mit der städtischen Polizei). Im Zentrum gibt es rund um die Uhr besetzte **Polizeistationen**: Benediktská 1 (Altstadt, Tel. 974 851 800); Krakovská 11 (Neustadt, Tel. 974 851 850); Jungmannovo náměsti 9 (Neustadt, Tel. 974 851 750) und Vlašská 3 (Kleinseite, Tel. 974 851 900). Dort sind auch Beamte vor Ort, die über Englisch-, oft sogar über Deutschkenntnisse verfügen.

Sport

Tschechien ist nicht nur eine Bier-, sondern auch eine Sportnation. Aber bekanntlich wirkt der Gerstensaft ja wie ein isotonisches Getränk. Viele Tschechen schwören eher auf Bier als auf Isostar und Co. Prag bietet einige Möglichkeiten, sich auch ohne große Vorbereitung während des Kurzurlaubs sportlich zu betätigen.

Fitness

Freiluft-Fitnessanlagen finden sich zunehmend in den Parks der Stadt, eine besonders gute in Žižkov (S. 88).

■ Park Rajská zahrada, U Rajské zahrady 1, April–Nov. tgl. 7–21 Uhr

Inlineskaten

Im Ladronka-Park im Nordwesten der Stadt gibt es eine moderne, 3,4 km lange Inlineskating-Bahn (mit Rollschuhverleih, S. 112).

■ Tomanova 1, Tel. 725 666 756, www.ladronka.com

Laufen

Viele tolle Parks der Stadt und die inzwischen durchgehend autofreien Uferpromenaden an der Moldau laden geradezu zum Joggen ein. Im Mai findet der Prague Marathon statt (www.runczech.com/en).

Schlittschuhlaufen

Prager lieben das Laufen auf schmalen Kufen. Im Zentrum kann man das (ab Dezember) auf dem Obstmarkt hinter dem Ständetheater (S. 28) und etwas abseits auf der Letná-Ebene (S. 102) gegenüber dem Sparta-Fußball-Stadion. Schlittschuhe können meist vor Ort geliehen werden.

Schwimmen

Ein in Prag verhältnismäßig teurer Spaß ist Schwimmen in öffentlichen Bädern. Der Eintritt ist oft nur stundenweise möglich, nicht selten sind die Hallen überfüllt.

■ Plavecký stadion Podolí, Podolská 74, Tel. 220 407 311, www.pspodoli.cz, tgl. 6–21.45 Uhr, 185 CZK/Std., erm. 120 CZK/Std.
■ Šutka Aquacentrum, Čimická 41, Tel. 266 610 711, www.sutka.eu, Mo–Fr 6–22, Sa, So 10–22 Uhr, 155 CZK für die 1. Std., jede weitere Minute 1,80 CZK

Aqua Palace

Im 15 km südöstlich des Stadtzentrums gelegenen Aqua Palace kann man locker einen ganzen Tag verbringen. In der Wasserwelt erwarten verschiedene

Rutschen, eine Tauchergrube, Schwimmbecken und Whirlpools die Besucher. Wer es lieber warm mag, geht in die Sauna oder kann im Fitnessbereich schwitzen.

■ Pražská 138, Tel. 271 104 111, www.aquapalace.cz/de, Mo–Fr 10–22, Sa, So 9–22 Uhr, Sauna und Fitness bis 23 Uhr, Tageskarte für Erwachsene etwa 1000 CZK, für Kinder rund 800 CZK

■ Aquabus und Bus 385 ab Metro-Station Opatov (C) in Richtung »Čestlice, Aquapalace«

■ Mit dem Auto über Autobahn D1, Ausfahrt D6, Gewerbegebiet Průhonice (Čestlice)

Stadtführungen und -touren

Mittlerweile bieten zahlreiche Veranstalter organisierte Stadtrundfahrten und -besichtigungen an. Neben den üblichen Rundgängen gibt es auch thematische Führungen: Man kann etwa mit Gespenstern wandeln, Kafkas Lebensspuren folgen (S. 21) oder das Prag Obdachloser entdecken (siehe rechts).
Eine Übersicht über die gängigen Angebote findet man bei Prague City Tourism im Altstädter Rathaus (S. 128).

■ **Good Prague Tours** Täglich zwei bis drei kostenlose Führungen (auf Deutsch und Englisch). Wenn es einem gefallen hat, gibt man dem Guide ein Trinkgeld. Treffpunkt: vor dem Büro von »Premiant City Tour«, Na příkopě 23, Tel. 724 952 301, Dauer: ca. 3 Std., www.goodpraguetours.eu

■ **Prague Special Tours** Verschiedene Führungen, Spezialität: Tour zum »Prager Kommunismus« mit Besuch eines Atombunkers. Malé náměstí 11, Tel. 777 172 177, deutschsprachige Führungen nach Vereinbarung (auch per E-Mail: info.tours@email.cz), www.prague-special-tours.com

■ **Prague Walks** Thematische Führungen und klassische Rundgänge (Themen u. a. Jazz, Glasgemälde, Kommunismus). www.praguewalks.com

■ **Pragulic** Obdachlose und ehemals Obdachlose zeigen ihre Stadt. Sehr empfehlenswert, um Prag aus einer völlig anderen Perspektive zu erleben! Ab 300 CZK, www.pragulic.cz

Bootstouren

Günstige Bootstouren bietet die Prager Dampfschifffahrtsgesellschaft (Pražská paroplavební společnost) an, z. B. vom Rašín-Kai (S. 80) bis zum Zoo. Man passiert dabei die Moldau-Brücken und -Inseln und genießt eine schöne Sicht auf die Burg.

■ **Paroplavba** Am Rašín-Kai zwischen Jirásek-Brücke und Palacký-Brücke, Tel. 734 761 003, www.praguesteamboats.com/de, 55–75 Min., 250–350 CZK/Person

Strom und Steckdose

In Tschechien beträgt die Netzspannung wie in Deutschland, Österreich und der Schweiz 230 Volt bei 50 Hertz. Der europaweit verbreitete runde Steckdosentyp C (sowie F) ist auch in Tschechien Standard.

Telefon und Internet

Die größten **Mobilfunkanbieter** Vodafone, O_2 und T-Mobile bieten auch Prepaid-Sim-Karten an. Kaufen Sie eine solche, stellen Sie sicher, dass Ihr Handy nicht von einem anderen Betreiber blockiert ist. In Großstädten wie Prag, Brünn oder Ostrava kann man dank Hochgeschwindigkeitsnetzen problemlos telefonieren und das Internet nutzen. **Breitband-Internet-Anschluss** ist über ganz Tschechien gewährleistet, auch auf dem Land ist die Abdeckung gut. In Tschechien ist **kostenloses WLAN** in Restaurants, Cafés, Kinos, Clubs, Bibliotheken und anderen öffentlichen Einrichtungen weitverbreitet. Einfach nachfragen oder auf entsprechende Hinweise mit Passwörtern auf der Menükarte oder an Schiefertafeln oder Ähnlichem achten.

Telefonauskunft

unter der Nummer 1188.

Internationale Vorwahlen

- Tschechien 00420
- Deutschland 0049
- Österreich 0043
- Schweiz 0041

Trinkgeld

Es ist üblich, 5–10 % Trinkgeld zu geben, sofern man mit der Bedienung zufrieden ist. Einige Restaurants im Zentrum schlagen das Trinkgeld einfach auf. Wenn Sie diese Touristenfallen meiden, sind Sie es, der bestimmt, wie viel Sie dem Kellner oder der Kellnerin überlassen. Bei kleineren Beträgen können Sie einfach auf die nächsthöhere Zehnerzahl aufrunden.

Umgangsformen

In Gesellschaft

Tschechien bzw. Böhmen und Mähren war über Jahrhunderte Teil des Habsburgerreichs. Wohl einer der Gründe, weshalb man sich bis heute mit vorangestelltem Titel anspricht. So heißt die Lehrerin »Paní učitelko« (Frau Lehrerin), erst danach folgt der Nachname. Dies zieht sich durch die ganze Gesellschaft, sofern man sich nicht näher kennt und duzt. Doch bis es so weit ist, können Jahre ins Land gehen. Bei der jüngeren Generation wird diese Formalie nicht mehr so konsequent gehandhabt.

In der Öffentlichkeit

Auch wenn man mit Verallgemeinerungen vorsichtig sein sollte: Den Prager kann man grundsätzlich als höflichen und zurückhaltenden Menschen bezeichnen – solange man ihm innerhalb eines sozialen Rahmens begegnet. Auf der Straße, in der Bahn oder anderswo im öffentlichen Raum jedoch wäre dies übertrieben. Man ist dort eher kühl. Das kann sich aber abends in der Kneipe nach dem dritten oder vierten Bier schnell ändern.

In der Kneipe

In Bars, Kneipen und Restaurants ist der Umgangston oft etwas ruppiger. Befindet man sich nicht in einer schicken Hotel-Bar, sondern in einer »hospoda«, sollte man keine Höflichkeitsfloskeln vom Kellner oder Barkeeper erwarten. Mit Tischnachbarn kommt man nicht so schnell ins Gespräch. Es hilft, als Tourist nicht laut oder fordernd aufzutreten – das mögen Tschechen gar nicht. Passt man sich der unaufgeregten, bierseligen und gemütlichen Stimmung an, findet man auch besser einen Draht zu den Einheimischen. Ist der Kontakt einmal hergestellt, verwandelt sich der skeptische (männliche oder weibliche) Brummbär in einen humorvollen und liebenswürdigen Gesprächspartner.

Unterkunft und Hotels

Prag besitzt zahlreiche Top-**Hotels** mit vier oder mehr Sternen, allerdings variiert der Standard stark. Wenig falsch macht man bei den Ketten internationaler Fünfsternehotels, wo man allerdings tief in die Tasche greift. Im Kommen sind seit einigen Jahren mittelklassige Designhotels im erweiterten Zentrum (siehe S. 84, 95, 107).

Natürlich gibt es auch eine riesige Zahl an **Privatunterkünften**, zudem sind viele Anbieter auf den Internetplattformen Airbnb oder Vrbo zu finden.

Eine Alternative im Sommer sind **Campingplätze**. Davon gibt es mehrere in Prag – in der Regel weit außerhalb des Zentrums. Ausnahme ist das kleine sympathische Camp in Žižkov.

■ Prague Central Camp, Nad Ohradou 17, Žižkov, Tel. 776 308 770, www.praguecentralcamp.com

Verkehrsmittel in der Stadt

Öffentlicher Nahverkehr

Die **Prager Verkehrsbetriebe** (DPP) bieten einen zuverlässigen, schnellen Service und günstige Mehr-Tages-Pässe (siehe ADAC Mobil, S. 19). Sich mit Metro, Tram und Bus fortzubewegen, ist mit Abstand am praktischsten, Auto oder Fahrrad sind dagegen weniger zu empfehlen. Senioren (60–65 J.) zahlen für ein Einzelticket die Hälfte und für das 24-Std.-Ticket 60 CZK. Ab 65 Jahren ist die Beförderung sogar kostenlos.

■ Dopravní podnik hlavního města Prahy, www.dpp.cz (auch auf Deutsch)

Günstige Radverleihe

An Fahrradfahrer als vollwertige Verkehrsteilnehmer haben sich die Prager noch nicht gewöhnt. Entsprechend gefährlich ist es, abseits der wenigen Fahrradspuren unterwegs zu sein.

■ **PKP,** José Mártího 31, Prag 6, Tel. 220 172 093, www.pujcovna-kol-praha.cz, Mo–Fr 10–12, 13–18 Uhr, auch Online-Reservierung möglich, ab 290 CZK/Tag

■ **Okolo** Revoluční 8, Tel. 602 237 270, www.okolo-bikes.cz, März–Okt. tgl. 10–18 Uhr, Nov.–Feb. nach telefonischer Vereinbarung, 200 CZK/Std., 400 CZK/Tag

Bikesharing

Die rosafarbenen Räder von Rekola sind in der ganzen Stadt verteilt. Über eine App findet man den nächstgelegenen Standort und erhält einen Code für das Zahlenschloss. Daneben gibt es noch Elektroräder von Nextbike (www.nextbikeczech.com), die nach einem ähnlichen Prinzip funktionieren. Die Ausleihgebühr beträgt 30 CZK pro angefangene halbe Stunde.

■ www.rekola.cz, 35 CZK/30 Min.

E-Scooter-Verleih

In Prag gibt es rund 2000 Elektro-Tretroller. Die E-Scooter der verschiedenen Anbieter lassen sich nach Registrierung über die entsprechende App entsperren. Regel Nr. 1: Für die Nutzer gelten die gleichen Regeln wie für Radfahrer, Gehwege sind tabu.

■ Z. B.: www.li.me/de, www.bolt.eu

Mietwagen

Günstige Autovermieter haben Büros am Flughafen sowie im Zentrum am Wenzelsplatz oder im Hauptbahnhof.

Zollbestimmungen

Reisende aus **EU-Ländern** dürfen Waren abgabenfrei mit nach Hause nehmen. Bürger aus der **Schweiz** nur bis zu einer Höchstgrenze von 300 CHF pro Person. Es gelten jedoch Grenzmengen, die berücksichtigt werden müssen

■ www.zoll.de

■ www.bmf.gv.at/themen/zoll

■ www.zoll.ch

Die Geschichte Prags

6. Jh. Slawen lassen sich im heutigen Stadtgebiet von Prag nieder.

9. Jh. Die Prager Burg wird vom Přemysliden-Geschlecht gegründet.

11. Jh. Fürst Vratislav II. (ab 1085 König von Böhmen) verlegt seinen Herrschersitz auf den Vyšehrad.

1306 Mit dem Tod Wenzels III. erlöschen die Přemysliden. Durch Heirat mit Wenzels Schwester wird Johann von Luxemburg böhmischer König.

1348 Karl IV. (ab 1355 römisch-deutscher Kaiser) gründet die Neustadt und die erste Universität in Mitteleuropa. Prag wird Zentrum des Reiches.

1357 Der Bau der Karlsbrücke beginnt.

1419 Der erste Prager Fenstersturz löst die Hussitenkriege aus. Drei Jahre später wird Jan Želivský, Anführer der radikalen Hussiten, auf dem Altstädter Ring hingerichtet.

1458 Im Altstädter Rathaus wählen die böhmischen Stände Georg von Podiebrad zum König von Böhmen und damit zum ersten König in Europa, der sich von der römischen Kirche abwandte.

1583 Kaiser Rudolf II. aus dem Hause Habsburg verlegt seinen Sitz von Wien nach Prag. Es kommt zu einer Blütezeit der Wissenschaft, Kunst und Kultur.

1618 Mit dem zweiten Prager Fenstersturz beginnt der Dreißigjährige Krieg. In der Schlacht am Weißen Berg (Bílá hora) 1620 unterliegen die Truppen der böhmischen Stände den kaiserlichen Truppen der Katholischen Liga.

1784 Altstadt, Kleinseite, Neustadt und Hradschin werden zur »Königlichen Hauptstadt Prag« vereinigt.

1848 Nach dem Slawenkongress auf der Sofieninsel (heute Slovanský ostrov) wird ein Aufstand tschechischer Nationalisten von österreichischen Truppen niedergeschlagen.

1918 Im Gemeindehaus (Obecní dům) wird am 28. Oktober die Tschechoslowakische Republik ausgerufen.

1939 Auf der Prager Burg verkündet Hitler am 16. März das Ende der Tschechoslowakei. Das »Protektorat Böhmen und Mähren« entsteht.

1945 Der »Prager Aufstand« endet mit dem Abzug der Wehrmacht am 8. Mai.

1948 »Februarumsturz«: Die Kommunistische Partei übernimmt die Macht.

1968 Truppen des Warschauer Pakts marschieren in Prag ein und beenden gewaltsam den »Prager Frühling«.

1989 An einer Studentendemonstration im Zentrum nehmen am 17. November über 15 000 Menschen teil. Die »Samtene Revolution« führt zum Sturz des sozialistischen Regimes.

1992 Die UNESCO erklärt das historische Zentrum zum Weltkulturerbe.

1993 Die Tschechoslowakei löst sich auf, Prag wird Hauptstadt der Tschechischen Republik.

2004 Tschechien wird Mitglied der EU; 80 Prozent der Wähler hatten für einen EU-Beitritt gestimmt.

2007 Tschechien tritt zum 21. Dezember dem Schengen-Raum bei.

2019 Bei der größten Demonstration in Prag seit 30 Jahren fordern rund 300 000 Menschen auf der Letná-Ebene den Rücktritt von Premier Andrej Babiš. Doch erst die Parlamentswahlen 2021 führen zum Regierungswechsel.

2023 Der ehemalige Vorsitzende des Nato-Militärausschusses Petr Pavel wird zum Staatspräsidenten gewählt. Er folgt damit auf Miloš Zeman, der das höchste Staatsamt ab 2013 innehatte.

Tschechisch für die Reise

Das Wichtigste in Kürze

Ja/Nein	*Ano/Ne*
Bitte/Danke	*Prosím/Děkuji*
Hallo!	*Ahoj!*
Auf Wiedersehen!	*Na shledanou!*
Guten Morgen!	*Dobré ráno!*
Guten Tag!/Abend!	*Dobrý den!/večer!*
Gute Nacht!	*Dobrou noc!*
Mein Name ist ...	*Jmenuji se ...*
Entschuldigung!	*Promiňte!*
Achtung!/Vorsicht!	*Pozor!*
Ich verstehe Sie nicht.	*Já vám nerozumím.*
Wie viel kostet das?	*Kolik to stojí?*
Damen	*Dámy/Ženy*
Herren	*Páni/Muže*
geöffnet/geschlossen	*otevřeno/zavřeno*
gestern/heute	*včera/dnes*
morgen	*zítra*
Wie viel Uhr ist es?	*Kolik je hodin?*
Bitte, wo ist ...	*Prosím Vás, kde je ...*
Wie weit ist ...?	*Jak daleko je ...?*
Führt dieser Weg/ die Straße nach ...?	*Vede tato cesta/ ulice do ... ?*
Ich möchte ...	*Rád(a) bych ...*
Die Rechnung, bitte!	*Účet, prosím!*
Auto/Fahrrad	*auto/kolo*
Tankstelle	*čerpací stanice*
Bleifrei	*natural (bez olova)*
Super/Diesel	*super/nafta*
Panne/Hilfe!	*porucha/Pomoc!*
(Bus-)Bahnhof	*(autobusové) nádraží*
Flughafen	*letiště*
Bank/Geldautomat	*banka/bankomat*
Arzt/Apotheke	*lékař/lékárna*
Lebensmittelgeschäft	*potraviny*

Wochentage

Montag/Dienstag	*pondělí/úterý*
Mittwoch/Donnerstag	*středa/čtvrtek*
Freitag/Samstag	*pátek/sobota*
Sonntag	*neděle*

Monate

Januar/Februar	*leden/únor*
März/April	*březen/duben*
Mai/Juni	*květen/červen*
Juli/August	*červenec/srpen*
September/Oktober	*září/říjen*
November/Dezember	*listopad/prosinec*

Zahlen

1	*jeden, jedna, jedno*	8	*osm*
2	*dva, dvě*	9	*devět*
3	*tři*	10	*deset*
4	*čtyři*	11	*jedenáct*
5	*pět*	12	*dvanáct*
6	*šest*	100	*sto*
7	*sedm*	1000	*tisíc*

Hinweise zur Aussprache

á wie ›ah‹, Bsp.: dálnice [dahlnjitse]
e wie ›ä‹, Bsp.: deset [däsät]
é wie ›äh‹, Bsp.: dobré ráno [dobräh rahno]
ě wie ›jä‹, Bsp: děkuji! [djäkuji!]
í wie ›ih‹, Bsp.: prosím [prossihm]
ó wie ›oh‹, Bsp.: gól [gohl]
ú ů wie ›uh‹, Bsp.: můj [muhj], působí [puhsobih]
ý wie ›ih‹, Bsp.: týden [tihden]
c wie ›tz‹, Bsp.: dvacet [dwatzet], am Wortende wie ›ts‹, Bsp.: pomoc [pomots]
č wie ›tsch‹, Bsp.: číst [tschihst]
ch wie ›ch‹ in ›Buch‹, Bsp.: chodit
ň wie ›nj‹ in ›Kognak‹, Bsp.: promiňte [prominjte]
ř etwa wie ›rsch‹, Bsp.: říkat [rschihkat]
š wie ›sch‹, Bsp.: šest [schest]
v wie ›w‹, Bsp.: devět [däwjet]
y wie ›i‹, Bsp.: ryby [ribi]
z wie ›s‹, Bsp.: rozumím [rosumihm], am Wortende wie ›ss‹, Bsp.: vaz [wass]
ž stimmhaftes ›sch‹ wie in ›Genie‹, Bsp.: žádost [schahdost]

Alle Blickpunkt-Themen in diesem Band:

Register

Bildnachweis

Titel: Blick von der Moldau auf die Karlsbrücke und die Altstadt Prags
Foto: **Shutterstock.com** (monticello)
Rücktitel: links: **Jahreszeiten Verlag** (N. Kriwy); rechts: **Shutterstock.com** (DaLiu)

AWL: C. Kober 56 – **dpa Picture-Alliance:** C. Mohr 60 – **Getty Images:** Lonely Planet Images 12.2; H.-P. Merten 25; M. Maniezzo 117 – **Huber Images:** M. Breitung 17.1; R. Schmid 31; M. Rellini 46/47; J. Miracky 99 – **IMAGO:** CTK Photo 63 – **Ivan Barta:** 95 – **Jahreszeiten Verlag:** G. Lengler 10.2, 13.1, 17.2, 32/33, 28, 61, 65.5, 66/67, 68, 75; N. Kriwy 13.3, 45.1, 45.3, 49, 77, 90, 97.2 – **laif:** P. Hirth 8, 55; S. Staszczuk/Loop Images 59 – **Look:** H. Wagner 2 – **mauritius images:** P. Forsberg/Alamy 11.1, 87.1, 97.1, 97.4, 98, 101, 102/103, 113; E. Gerald/Alamy 11.2; Ivoha/Alamy 12.1; M. Brivio/imageBROKER 22; S. Kuttig 29; C. Fredriksson/Alamy 36; Alamy 54, 144; AC Manley/Alamy 71; A. to Roxel 72; M. Moxter 79; Azoor Photo/Alamy 81; Profimedia.CZ a.s./Alamy 87.3, 93; A. Eastland/Alamy 100; F. Chmura/Alamy 106 – **picture-alliance:** dpa 74 – **Seasons Agency:** G. Lengler/Jalag 7.2 – **Shutterstock.com:** Pyty 2/3, 3.2; M. Egenburg 6/7; Jule_Berlin 7.1; M. Markovskiy 45.2; JeniFoto 9; I. Banaszczyk 10.1; josefkubes 11.3, 88; R. Kudrin 12.3, 89; T. Lehtinen 13.2, 110; M. Ershov 14/15; islavicek 17.3; DaLiu 18/19; D. Bond 21; M. Switulski 27; pryzmat 34; C. Belova 38/39, 65.3, 82; Kajano 40; K. Slusarczyk 51; CCat82 53; V. Sazonov 65.1; Pyty 65.2; trabantos 65.3, 87.2; M-SUR 97.3; J. Hanus 105; A. Arika 109.1; ZM_Photo 109.2; O. Deml 109.3; Petr Podrouzek 115; PHB.cz (R. Semik) 118; Anrephoto 119; Rebius 126 – **stock.adobe.com:** CCat82 52; unclepodger 87.4 – **S. Welzel:** 43 – **www.bobovadraha.cz:** 3.1

Postfach 86 03 66, 81630 München

Markenlizenz der ADAC Medien und
Reise GmbH, München

ISBN 978-3-95689-879-2
1. Auflage 2024

Autoren: Stefan Welzel, Franziska Neudert
Aktualisierung: Marcus Hundt
Redaktion: Juliane Helf, Susanne Kronester-Ritter
Lektorat: Katja Tegler, Berlin
Satz: Mediendesign Anne Tegler, Berlin
Bildredaktion: Dr. Nafsika Mylona
Reihengestaltung: Eva Stadler, München; Independent Medien Design, Horst Moser, München
Kartografie: Kunth Verlag GmbH & Co. KG, München, Huber Kartographie GmbH, www.kartographie.de
Herstellung: Felix Robitsch
Druck + Bindung: Drukarnia Dimograf Sp z o. o. (Polen)

Ein Unternehmen der
GANSKE VERLAGSGRUPPE

Wichtiger Hinweis

Die Daten und Fakten für dieses Werk wurden mit äußerster Sorgfalt recherchiert und geprüft. Wir weisen jedoch darauf hin, dass diese Angaben häufig Veränderungen unterworfen sind und inhaltliche Fehler oder Auslassungen nicht völlig auszuschließen sind. Für eventuelle Fehler oder Auslassungen können Gräfe und Unzer, die ADAC Medien und Reise GmbH sowie deren Mitarbeiter und die Autoren keinerlei Verpflichtung und Haftung übernehmen. Alle Inhalte im Buch wenden sich an und gelten für alle Geschlechter (w/m/d). Soweit grammatikalisch männliche, weibliche oder neutrale Personenbezeichnungen verwendet werden, dient dies allein der besseren Lesbarkeit.

Ansprechpartner für den Anzeigenverkauf:

KV Kommunalverlag GmbH & Co. KG,
MediaCenter München,
Tel. 089/928 09 60

Bei Interesse an maßgeschneiderten B2B-Produkten:

b2b-kontakt@graefe-und-unzer.de

Leserservice

GRÄFE UND UNZER Verlag
Grillparzerstraße 12
81675 München
www.graefe-und-unzer.de

Umwelthinweis

Nachhaltigkeit ist uns sehr wichtig. Der Rohstoff Papier ist in der Buchproduktion hierfür von entscheidender Bedeutung. Daher ist dieses Buch auf PEFC-zertifiziertem Papier gedruckt. PEFC garantiert, dass ökologische, soziale und ökonomische Aspekte in der Verarbeitungskette unabhängig überwacht werden und lückenlos nachvollziehbar sind.

Unterwegs in Prag

Auf dem Kutter

Neben Ausflugsbooten verkehren in Prag sieben Fähren als Teil des Nahverkehrssystems. Mitfahren auf einem der kleinen Kutter ist ein Erlebnis – und kostet nur den Einzelfahrschein der öffentlichen Verkehrsbetriebe.

■ Details auf S. 79

Standseilbahn

In wenigen Minuten erreicht die kleine Bahn auf den Petřín-Hügel eine der schönsten Grünanlagen der Stadt. Ein Hauch Landatmosphäre in der böhmischen Metropole.

■ Details auf S. 54

Mit dem Fahrrad

Spezielle Wege an der Moldau und in Parks laden zum gemütlichen Radeln ein. Ebenso gibt es geführte Touren – oft mit bequemen E-Bikes. Nicht zu empfehlen ist das Rad als klassisches Fortbewegungsmittel – dafür sind die Straßen Prags zu gefährlich.

■ Details auf S. 135, www.pragueebiketour.cz, www.ilikeebike.com

ÖPNV und die Tram Nr. 22

Der öffentliche Nahverkehr überzeugt: Ein enges Netz mit dichtem Takt bringt den Besucher schnell und sicher fast überall hin. Eine alternative Sightseeing-Variante ist eine Fahrt mit der Straßenbahnlinie 22 (S. 47).

■ www.dpp.cz – Informationen auch auf Deutsch

Zu Fuß unterwegs

Prag ist eine überschaubare Millionenmetropole und die historische Innenstadt gut zu Fuß erkundbar. Ideal in Verbindung mit einem Drei-Tage-Pass der Verkehrsbetriebe oder dem Prague Visitor Pass (S. 19).